Für meine liebsten ehemaligen Grundschulkinder
Indra, Fabienne, Gianna und Mireya
und die besonders geschätzte Grundschulkollegin
und Schulleiterin Christiana, die mich
auf meinem langen Schulweg begleitet hat.

Warnhinweis!

Alle Rechtschreibfehler in diesem Werk
wurden von langer Hand vorbereitet und sollten
den Lesern und Leserinnen zu denken geben.

Beim Schreiben von Diktaten kann so etwas
bei einem Lehrkörper leicht ins Auge gehen.
Darum, liebe Kinder, bitte nicht nachmachen!

Ein Grundschul-Lese-Sprachbuch

Kreidezeit

Schwamm drüber

Verhaltensoriginelles und Blitzgescheites aus der Primarstufe

Siegfried Fischer

www.tredition.de

© 2019 - Siegfried Fischer
Layout: Siegfried Fischer
Umschlaggestaltung: Siegfried Fischer
Fotos S. 12, 109, 110: Mireya Fischer
Alle weiteren Fotos: Siegfried Fischer
Illustrationen: Tanja Grassmann

Verlag & Druck: tredition GmbH,
Halenreie 40-44, 22359 Hamburg

ISBN
Paperback   ISBN 978-3-7497-2479-6
Hardcover   ISBN 978-3-7497-2480-2
e-Book   ISBN 978-3-7497-2481-9

Unterrichts-Planung

Vor-Wörter

Als ich vor rund 60 Jahren selbst in eine erste Klasse der Volksschule eingeschult wurde, erschien mir die Fibel - und vor allem später mein erstes Lesebuch - wie ein Schatz, den es zu entdecken galt, voll mit spannenden Geschichten, interessanten Rätseln und lustigen Gedichten. Damals hatte man noch kein eigenes Kinderzimmer mit Unmengen von Spielsachen, die wenigen Kinderbücher im Regal waren recht überschaubar angeordnet.

Und so trug ich jedes Jahr nach den Osterferien* zu Beginn des Schuljahres den kostbaren neuen „Wortschatz" nach Hause und gab mich dem Vergnügen des Lesens hin.

Nach nun vierzig Berufsjahren als Lehrer in der Primarstufe habe ich mit unzähligen besonderen Erlebnissen mit Schülern, Eltern und Kollegen und einer gewissen Lust am Spiel mit Sprache mein ganz persönliches Grundschullesebuch zusammengestellt.

Alle Geschichten in diesem Buch haben sich mehr oder weniger genau wie beschrieben zugetragen. Die Namen wurden selbstverständlich aus Datenschutzgründen geändert.

Viel Spaß beim Lesen!

....

* Damals fand der Schuljahreswechsel nach den Osterferien statt. Durch zwei Kurzschuljahre 1966/1967 wurde der Schuljahresbeginn in Deutschland einheitlich auf die Zeit nach den Sommerferien gelegt.

Pädagogisches Lehrwerk

Die Grundschule im Land Baden-Württemberg ist in aller Regel eine typische Vierklassengesellschaft.

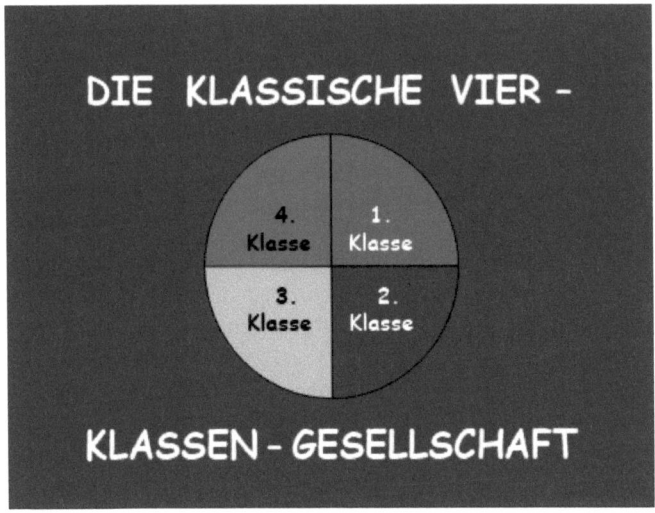

Gut und gerne die Hälfte aller Grundschullehrer sind Menschen zweiter oder sogar dritter Klasse. Rein rechnerisch macht im Primarbereich nur etwa jeder vierte Lehrer erstklassigen Unterricht. Der Rest befindet sich in einer Grauzone. Von den weiterführenden Schulen will ich erst gar nicht reden, denn die würden hier zu weit führen.

Das einzige, was der gemeine Grundschullehrer im Dienst annehmen darf, ist Vernunft. Und weil er nichts anderes annehmen darf, steht er oft mit beiden Beinen in der Kreide. Deshalb kann man ihm meist nur ein ordentliches Armutszeugnis ausstellen.

Verdienst-Bescheinigung

**Der Lehrer in der
Grundschule
verdient etwas Respekt.**

**Der Lehrer in der
Oberschule
verdient etwas mehr.**

Am lautesten wird der Lehrer immer dann, wenn er in der Klasse "Ruhe!" brüllt. Dabei steht er ständig im Unterricht mit dem Rücken zur Wand und ist wohl erst zufrieden, wenn er am Ende der Stunde das Heft in der Hand hält. Wenn ihm da mal ein Fehler durch die Lappen geht, nicht der Rede wert, … Schwamm drüber!

Im Laufe seines pädagogischen Daseins muss jeder Lehrkörper so manche Gratwanderung unternehmen – meist begibt er sich dazu auf den Dienstweg. Zur Abwechslung ist es von Vorteil, wenn er bei dem ganzen Stress ab und zu in ein erfrischendes Sprachbad eintauchen darf. Dafür wurde in vielen Schulen ein spezieller Stundenpool eingerichtet.

Ein großes Problem in der Schule war schon immer die höhere Mathematik. Das liegt aber keineswegs nur an dem bildungsresistenten Schülermaterial, sondern meist an diesen blöden Zahlen und vor allem an den extrem schwierigen Aufgaben. Zudem sind viele Mathematiklehrer im Unterricht einfach unberechenbar.

Am leichtesten fallen Schülern wie Schülerinnen die sogenannten *Milchmädchenrechnungen*, wie beispielsweise diese:

Lösung: 3 Milchmädchen + 2 Milchmädchen = 5 Milchmädchen

Aber so viele Milchmädchen sind ja im richtigen Leben kaum noch irgendwo anzutreffen. Vereinzelt tauchen sie nur in politischen Reden bzw. Kreisen auf.

Ganz selbstverständlich rechnet man heutzutage bereits in der Grundschule mit Computern. So haben wir in den vergangenen Jahren fast täglich damit gerechnet, dass wir endlich auch einmal neue Computer für unser Lehrerzimmer bekommen. Das Ergebnis kann sich nun endlich sehen lassen.

Ich möchte hier an dieser Stelle noch einmal kurz zusammenfassen: Demnächst rechnet man also auch in unserer Grundschule mit Computern, allerdings nicht so wie damals mit den Taschenrechnern (oder wie oben dargestellt bei der Rechnung mit den Milchmädchen)
3 Taschenrechner + 2 Taschenrechner = 5 Taschenrechner, sondern eher wie in dem folgenden Beispiel:

Aufgabe: Von den neun neuen Computern in der Schule
             sind im Computerraum sieben abgestürzt.

Frage: Wie viele Computer sind jetzt kaputt?

Rechnung: Damit konnte ja nun wirklich keiner rechnen!

Antwort: Da bei der Berechnung versehentlich auch
             die letzten zwei Computer abgestürzt sind,
             ist diese Aufgabe leider nicht mehr lösbar.

Diese Art von Bruch-Rechnung ist nun sowieso ein eigenes
Kapitel für sich. Wer rechnet heutzutage überhaupt im Alltag
noch mit gemeinen Brüchen?

Aber dann fällt man doch plötzlich aus allen Wolken –
oder auch nur mal hoppla hopp die Treppe runter –
oder man stolpert über eine blöde Wurzel.
Und schon ist es passiert. – Ausgerechnet …

…über so eine gemeine runzlig-punzlige Purzelbaum-Wurzel.

Unerhört! – Ein rätselhafter Lehrerwitz

Wer ist das? Er redet und redet, aber keiner hört ihm zu.

Vor der Unterrichtsstunde will Paul seinen Klassenkameraden noch schnell seinen neuesten Lehrerwitz erzählen.

Erster Versuch:
„Wer ist das? Er redet und redet, aber keiner hört ihm zu."
Weil ihm keiner zuhört, beginnt er noch einmal von vorn:
„Wer ist das? Er redet und redet, aber keiner hört ihm zu."
Paul redet und redet, aber keiner hört ihm zu.

Nachdem er seinen Witz zum dritten Mal erzählt hat,
wird er endlich von einem Mitschüler erhört. Der ruft:
„Ach, das ist der Paul! Halt doch jetzt dein Maul!"*

Die Unterrichtsstunde beginnt.
Der Lehrer redet und redet, aber keiner hört ihm zu.

....

* Im O-Ton: „Ach, das ist der Till, sei doch jetzt mal still!"
Des Rätsels Lösung wäre hier natürlich der Lehrer gewesen.
Alle Namen geändert von wegen Datenschutz.
Außerdem des Reimes und der Poesie wegen!

Mängel-Exemplar

**Nur selten
ist ein Lehrer
eine Klasse für sich.**

11

Ein Witz von einem Lehrer mit Bart

Meine Frau und ich hatten das Glück, dass wir viele Jahre gemeinsam an einer Schule unterrichten durften. Da kam es dann schon mal vor, dass ich von den Kindern angesprochen wurde mit „Herr Frau Fischer".

Einmal fragte eine Mutter ihren Sohn, der gerade von einem „Lehrer Fischer" erzählte: „Wen meinst du jetzt, den Herrn Fischer oder die Frau Fischer?"
Der Sohn wusste es ganz genau: „Ha, den mit dem Bart."

Der Naseweis

Es gibt besonders eifrige Jungs,*
die sind immer unheimlich stolz,
wenn sie sehen, was sie so alles
aus sich herausholen können.
Und dabei popeln sie nur
ein bisschen in ihrer Nase.

....

* In der Nase popeln ist in der Hauptsache eine Männersache.
Vom Ansatz her ist es aber der falsche Weg in sich zu gehen.

Klasse! Große Klasse!

Vertretung in Klasse 1 - Ich betrete das Klassenzimmer.
Katrin meint etwas enttäuscht: „Ach, der Herr Fischer!"
Ihr Sitznachbar Leo versucht sie zu beruhigen:
„Aber der ist doch immer noch besser als gar kein Lehrer!"

Simone ist leicht irritiert:
„Herr Fischer, warum hast du denn heute ein Hemd an?"
„Was soll ich denn sonst anhaben?"
„Ha, so ein Hemd trägt man doch nur bei der Arbeit."

**Betretenes Schweigen
beim Betreten
des Klassenzimmers.
Ganz große Klasse!**

Ein neuer Lehrer kommt in die Klasse:
„Schreibt bitte ein Namensschild mit großen Buchstaben und
mit schwarzer oder blauer Farbe, damit ich eure Namen gut
lesen kann."
Dennis: „Soll ich dann lieber den hellroten
oder lieber einen dunkelroten Stift nehmen?"

Die Tafel sollte mal wieder ordentlich geputzt werden.
„Wer ist denn heute dran mit Tafeldienst?"
Holger meldet sich. Aber Mark protestiert:
„Halt, dafür bist du nicht anständig."

Deutsch ist nicht nur einFach

Erstklassige Rechtschreibung

**Wie man richtig schreibt,
woher soll das ein Schreibanfänger
in den ersten Klassen schon wissen.**

Rechtschreibfehler der Kinder werden heutzutage
meist nur dem Grundschullehrer angekreidet.

Einfach kinderleicht

**Die Rechtschreibung ist
- trotz jahrzehntelanger Übung -
bei Erwachsenen auch oft besch…
bescheiden.**

Viele Erwachsene lassen sich dabei weder von Duden,
Google noch von Rechtschreibprogrammen weiterhelfen.

Missbrauchs-Skandal

**Alle die wo
deutsche Sprache
missbrauchen,
die kann man getrost
in der Pfeife rauchen.**

Duden ist ein echter Wortschatz

Schuljahr für Jahr stand mir auf meinem langen Schul- und Dienstweg stets ein dickes Buch Wort für Wort und Seite für Seite hilfreich zur Seite. Der Name des Herausgebers ist gleichzeitig der Titel dieses allseits bekannten Werks.
Liebe Leserin, lieber Leser, bestimmt kennst DUDEN.

Konrad Duden wird immer wieder mal nachgesagt, er sei Legastheniker gewesen. Vermutlich handelt es sich dabei um eine Fake-Nachricht. Fakt ist dagegen, dass Albert Einstein …, aber das ist eine andere Geschichte.
Zurück zu Duden bzw. seinem berühmten Wörterbuch -
dem Standardwerk zur deutschen Rechtschreibung -
und da beginnen wir ganz vorn.

Doch hier fängt die Verwirrung bereits an. Wer wissen will, wie man vorn richtig schreibt, darf bei Duden nicht vorn im Wörterbuch suchen. Vorn steht nämlich hinten, während hinten weit vor vorn steht.

In dem restlichen Buch stecken ganz wundervolle Geschichten, unzählige Wortspiele und tolle Gedichte. Man muss allerdings an den passenden Stellen suchen, die geeigneten Wörter finden und diese schließlich in die richtige Reihenfolge bringen.

Im Prinzip ist dies eine einfache Sache. Nur ist es nicht immer ganz so einfach wie zuerst gedacht, dieses Wortmaterial immer genau in der entsprechenden Abfolge im Kopf zu behalten. Aus diesem Grund werden wohl ständig neue Geschichten, Gedichte und ganze Bücher verfasst und veröffentlicht. Manche werden sogar hin und wieder verlegt.

Kennst Duden ...

... Fohrdeil der Rächdschraiprevorm?

Vor der Rechtschreibreform
wusste jeder immer ganz genau,
wie richtig geschrieben wird,
wenn auch nicht immer so ganz genau.

Heute weiß jeder immer ganz genau,
dass nur diese Reform Schuld daran hat,
wenn man nicht mehr so ganz genau weiß,
wie richtig geschrieben wird.

Von Rechts wegen

Schon vor der Reform der
RECHT - SPRECHUNG
wurden bei Gesprächen von Rechts wegen
DU, DIR und DICH niemals groß gesprochen.

Und euer und euch
kann man klein beigeben.
ohne große Worte zu verlieren.

Die neue Rechtschreibung

Sebastian schreibt: Opa *sehtzte* sich
L: „Aber Sebastian, wieso schreibst du setzte mit h?
Das hat doch nichts zu tun mit *sehen*, oder?"
S: „Ach, immer die neue Rechtschreibung!
In der alten kenn' ich mich viel besser aus."

L: „Simon, bei dem Wort *könen* fehlt ein n!"
S: „Wieso? - Schreibt man das jetzt echt mit zwei n?"
L: „Guck mal, an der Tafel steht es doch!"
S: „Und so soll ich das jetzt auch schreiben?"

Der Lehrer will den Schülern einen Tipp geben:
„In der Gegenwart fällt bei vielen Verben
der Buchstabe „e" am Ende einfach weg."
Die Schüler finden sofort passende Beispiele:
spielte - spielt, malte - malt, holte - holt,
wollte - wollt (Strom!), … Schere – schert,
verfolgte - verfolgt, ... entwischte – ntwischte ...

Ralf besteht darauf:
„Die Vergangenheit von rennen ist *rennte*."
L: „Diese Vergangenheitsform gibt es nicht."
R: „Wieso, meine Oma kriegt doch *Rente*."

„Achtung! Das Wort *Schlusssatz* musst du in der Mitte
mit drei s schreiben."
Ben: „Ja, das ist genau so wie bei meiner Urururoma."

Gei-Streiche Genie-Streiche

Wie schreipt Mann Innschänjöhr?
Dass iss jetz ächt nüch schwör !

Versteck-Vers 1

Hast du es
schon entdeckt,
dass in jedem
INGENIEUR
ein GENIE steckt?

Versteck-Vers 2

Mit der
LAUBSÄGE
- INGE NIE UR -
LAUB
macht.

Seltsame Steigerungsformen

Gut - Güter - am begütertsten
Gemach - Gemächer - am gemächtesten
Gescheit - gescheiter - am gescheitertsten

Scherz-Artikel

Ob männlich oder weiblich,
das ist hier neben-sächlich.

Der ist der Scherzartikel,
die ist der Zeitungsartikel,
und das ist der Leidartikel.

*Das mit dem Leid, das tut mir sehr leid, das gehört so.
Die Schreibweise soll dem Lesenden zu denken geben.

Der Gebrauchs- oder Leitartikel

zur Klarstellung für alle mit langer Leitung

DER ist der SCHERZ-Artikel,
DIE der ZEITUNGs-Artikel
und DAS ist der LEID-Artikel.

Kein Scherzartikel

Sven hat in der 4. Klasse seine ganz persönliche Schreibnorm entwickelt: Statt „a" schreibt er „o" - und statt „o" ein „a".

M in Druckschrift ist bei ihm ein Großbuchstabe, –

𝓜 in Schreibschrift soll dann der Kleinbuchstabe sein.

Aber beide Buchstaben haben immer genau die gleiche Größe und gehen weit über die vorgegebenen Schreiblinien hinaus.

Spielverderber

Stundenprotokoll Deutsch - Klasse 3
Thema: Zusammengesetzte Namenwörter

Als Hausaufgabe sollte jeder eine **Karte** mitbringen.
Nun gab es also verschiedene Arten von Karten:
Landkarten, Speisekarten, Eintrittskarten, Geld-
karten, Telefonkarten, ... und natürlich Spielkarten.

Tafelanschrieb: *Spiel + Karte = Spielkarte*

Einem Schüler fiel auf, dass es möglich ist, die "Summanden"
zu vertauschen. Und schnell war allen klar, dass wir die Karten beiseitelegen und uns nun dem Spiel zuwenden mussten.

Der Unterricht gipfelte in folgendem Tafelanschrieb (TA):

Karten + Spiel = Kartenspiel
Fußball + Spiel = F_____
_____ + _____ = _____

Die Kinder sollten weitere *Bei-Spiele* finden.

1. Antwort: Memory
L: Also gut, aber dann musst du sagen Memory-Spiel.
=> TA: *Memory + Spiel = Memory-Spiel*

2. Antwort: Fußballspiel
L: Schau mal, das steht schon hier an der Tafel!
Wenn du es noch nicht geschrieben hast,
dann schreib es doch bitte bei dir dazu!

Sven: Ich hab nur noch acht Linien, dann ist mein Heft voll.
L: (überhört ihn) Der nächste bitte!

3. Antwort: Memory.
L: Das hatten wir schon!
Und außerdem heißt es hier Memory-Spiel!
=> TA: entfällt

4. Antwort: Wir haben zuhause so ein Spiel,
da kann man mit einer Angel Fische fangen.
L: Aha! (leicht gereizt) Und, wie heißt dann dieses Spiel?
=> TA: *Angel + Spiel = Angelspiel*

5. Antwort: Puzzle
L: Na gut, aber dann muss es Puzzlespiel heißen.
=> TA: *Puzzle + Spiel = Puzzlespiel*

6. Antwort: Tennis
=> TA ohne Kommentar: *Tennis + Spiel = Tennisspiel*

7. Antwort: Fußball
L: (zuckt etwas zusammen)
=> TA: entfällt

8. Antwort: Memory!!!
(Jens hatte wohl vorher nicht gut zugehört.)

9. Antwort: Schwimmen
(Sven hatte offensichtlich bei der vorletzten Antwort
zu gut zugehört. Die hatte irgendwas mit Sport zu tun …)

Spielabbruch! - So ein Spielverderber!

Texte verfassen

Ich denke – denke ich

Ich ... denke ...
ich denke nach ...
denke nach ... und nach...
ich denke nach und nach nach.

Vertextet

Ich schreibe
und schreibe,
lese den Text.
Ich lese und lese
und sehe er wächst.
Ich sehe und sehe - und denke
verflext.

Ich denke und glaube - da ist was
verhext.

Aufsatzübung: Satzanfänge für Anfänger

Die folgende Geschichte hat Jana in der 3. Klasse geschrieben. Was könnte sie an ihrem Text noch verbessern?

Schon lange hatte Papa mir und meinen Schwestern versprochen, an einem Wochenende mit uns Zelten zu gehen.

Endlich war es soweit. Gleich nach der Schule packten wir alles ins Auto ein und dann ging es los. Auf dem Zeltplatz angekommen freuten wir uns, weil wir noch einen guten Platz direkt am See finden konnten.

Dann sagte Papa: "Unter diesem Baum wollen wir unser Zelt aufstellen." Dann ging er zum Auto und öffnete die Heckklappe. Dann reichte er uns alles heraus: Klappstühle, Luftmatratzen, Schlafsäcke, die Pumpe ... Und dann schlug er sich die Hand an die Stirn und sagte: "So ein Mist! Ich habe die Zeltheringe zuhause vergessen."

Wir wussten zuerst nicht, was wir jetzt machen sollten, doch dann schlug meine große Schwester vor: "Vielleicht können wir im Supermarkt welche kaufen." Dann sagte Papa erleichtert: "Ja, gute Idee!" Dann gingen wir zusammen in den Laden und kauften ein Päckchen Heringe. Dann gingen wir glücklich und zufrieden zurück zum Platz und Papa öffnete wieder die Heckklappe. Dann blieb er wie erstarrt stehen.
Ich fragte: "Was ist denn los?"
Dann sagte Papa ganz leise:
"Ich glaube …, ich habe …
auch das Zelt vergessen."

76%
ALLER FISCHER
VERGESSEN BEIM ZELTEN
DIE HERINGE

....
Das stand **dann** eines Tages im STERN:

Im Unterricht geht was ab! - Aber hallo!

Nach knapp zehn Minuten gibt Schüler Toni seinen Aufsatz ab. Er hat gerade einmal acht Zeilen geschrieben. Auf die Frage, ob er nicht noch mehr und eventuell etwas ausführlicher schreiben könne, antwortet er: „Nein, ich will auch mal eine kleine Geschichte machen. Ich habe aber etwas Gutes geschrieben – von meinem Geburtstag."

„Lies bitte alles noch einmal genau durch und versuche Wörter zu verbessern." „Ich habe aber schon ganz viel verbessert." Ich lege ihm ein Wörterbuch auf den Tisch.
„Was soll ich denn damit machen?"
„Na, Wörter nachschlagen. Was denn sonst?"

Nach dem ersten Wort gibt er mir das Buch zurück. „Darf ich jetzt etwas essen?" „Essen nicht, aber wenn du willst, kannst du etwas trinken. - Hast du denn zu Hause nichts gefrühstückt?" „Nein, ich habe doch so eine Allergie ..." „Warum hast du dann nicht das gegessen, was du mitgebracht hast?" – „Ach, dafür hatten wir heute Morgen keine Zeit mehr ..."

Er liest nun seine Geschichte halblaut vor und nebenbei erzählt er mir: „Wenn ich im Aufsatz eine gute Note schreibe, dann bekomme ich ..." – Ich muss seinen Eifer mehrfach bremsen und ihn ermahnen, leise zu sein, weil die anderen Schüler bei ihrer Arbeit gestört werden.

Später kommen weitere Kinder zu mir, um ihre Aufsätze vorzulegen. Bevor sie die Hefte abgeben, überfliege ich kurz ihre Texte und gebe ihnen kleine Verbesserungstipps. Dabei bildet sich eine kurze Schlange. Beim Warten setzt sich Kevin mit einer Pobacke an den Rand der freien Tischhälfte von

Toni, der sich nun äußerst gestört fühlt und sich heftig beschwert, dass er dies auf keinen Fall dulden könne.

Ich erkläre Toni, dass Kevin ihn ja nicht bei der Arbeit behindert oder stört. Kevin bitte ich, sich nicht auf den Tisch zu setzen. Er steht bereitwillig auf, berührt allerdings immer noch leicht mit der Hose die Tischkante. Toni ist weiterhin empört und besteht darauf, dass Kevin nichts an seinem Tisch zu suchen habe.

Kinder, die das Heft bereits abgegeben haben, sollen nun an den Aufgaben im Mathebuch weiterarbeiten. Nach der dritten Ermahnung, endlich auch das Buch aufzuschlagen, will Toni zuerst wissen, welche Stunde jetzt gerade sei. Ich zeige auf die große Wanduhr und den Stundenplan und bitte ihn ein weiteres Mal, endlich wie besprochen die Mathematikaufgaben im Buch zu bearbeiten. „Aber hallo! Ich darf doch wohl noch wissen, welche Stunde wir jetzt haben!"

Noten sind relativ

Gut ist fast so gut wie **sehr gut,**
befriedigend ist noch **ausreichend,**
mangelhaft wäre allerdings **ungenügend.***

....

* Schüler Sigi vor dem Austeilen der Klassenarbeiten
in Erwartung einer mehr oder weniger guten Note.

Wenig später stürmt mir Toni aufgebracht entgegen und be-
klagt sich lautstark: „Gerade habe ich mich nur ein bisschen
auf den Tisch von Kevin gesetzt, da hat der mich weggeschubst. Ich wollte ihm nämlich mal zeigen, wie das so ist,
wenn man sich bei anderen auf den Tisch setzt. Mein Papa hat
auch gesagt, dass das Mobbing ist, was die anderen da mit
mir machen - und dass ich mich dann wehren darf ... Und
überhaupt ... die Mia hat mich in der Pause angegangen ... sie
hat sich sooo vor mich hingestellt und sooo angeschaut (Er
demonstriert den Anschlag mit breiter Brust und mit erhobe-
nen Händen.) ... und dann hab ich sie weggeschubst ... so
zwei Meter weit ... Aber sooo weit fliegt man doch nicht,
wenn man nur ein kleines bisschen geschubst wird!"

Ein guter Schul-Rat

Das soll dir eine Leere sein:

*„Ein gutes Glas Wein ist geeignet,
den Verstand zu wecken",*

meinte einst Altbundeskanzler Konrad Adenauer.

**Der gute Rat von Adenauer
macht sicher auch die Schüler schlauer.
Kinder, leert ein Gläschen Wein!
Schulen, stellt das Lehren ein!**

Da wird so mancher Lehrer sauer.
(Er schult dann um zum Weinanbauer.)

Wort-Artiges: Seltsame Schlag-Zeilen

BÖSARTIG
ist echt abartig.
Ja, was denn nun?
BÖS oder ARTIG?

So ist auch
SCHLAG-ARTIG
nicht zu verstehen:
Wie soll das gehen?

SCHLAGARTIG und
HAUTFREUNDLICH
sind im weitesten Sinne
SINNVERWANDT.*

Wer seine Feinde ganz ARTIG SCHLÄGT
oder sie besonders FREUNDLICH HAUT,
der wird auch sicher FRIEDLICH SIEGEN,

meint der
SIEG FRIED.

Wenn ich solche Wörter seh,
krieg ich eine Sinn*onymkrise
oder HAUT aus SCHLAG.

....
* Synonyme - auch Synonyma (griech.), (im SINN-Gular: Synonym),
sind in diesem Sinne quasi nichts anderes als SINNverwandte Wörter.

Unsinnonyme: Seltsame Standpunkte

Sind auch die Wörter
STÄNDIG und LAUFEND
- wie man DAUERND hört –
sinnverwandt?

Schon seltsam,
wenn eine Standuhr
laufend stehen
bleibt.

Auch seltsam,
wenn sich ein
Laufbursche
ständig verläuft.

Und ganz seltsam:
Wenn einer anständig ist
und eine Tat gesteht,
steht er mit einem Bein
im Gefängnis*
und dort muss er dann
ständig sitzen.

DAUERHAFT!

....

* Steht einer mit einem Bein im Gefängnis,
so befindet er sich rein füßikalisch
mit dem anderen Bein auf freiem Fuß.

Dieser Text ist ausgezeichnet …

… mit dem BLAUEN UMWELTENGEL

Sprache – egal in welcher Sprache – ist ausgesprochen nachhaltig und ausgeschrieben umweltfreundlich, da alle Texte zu 100% recycelbar sind. Darauf können weder extremer Sprachverfall, radikaler Sprachwandel noch unverständliche Rechtschreibreformen zersetzend einwirken.

Jeder Satz und sogar jedes einzelne Wort lässt sich an- und rückstandslos in sämtliche Einzelteile zerlegen. Jedes Element wiederum kann beliebig oft wiederverwendet werden in Form von Texten aller Art, wie beispielsweise als Gedicht, Kurzgeschichte oder sogar als Doktorarbeit.

Hier ein paar Wortbeispiele der Wortspielerin **Anna Gramm**, die vor allem bekannt ist für ihre total verdrehten Wörter.

So entsteht zum Beispiel aus SAUERER MILCH
durch kräftiges Schütteln ein SCHLAUER REIM.

LAUFSCHRITTE sind nichts für SCHRITTFAULE.

Nach dem ABSTRAMPELN braucht ein TRAMP SALBEN.

Lieber heißes NACHTLEBEN als eine kalte NEBELNACHT.

Bei DANKESREDEN denke ich, dass ich ANDERS DENKE.

Bei dieser REIMMASCHE gibt es auch MIESMACHER.

Aus einem REGAL lässt sich schnell ein LAGER machen.
Ist mal ein EIMER im Eimer, gibt es REIME zum Lachen.

Silbentrennung und Mülltrennung

MÜLL
kann man
nicht einfach trennen.
Müll hat nur eine
SILBE.

Und alle einsilbigen Wörter sind
untrennbarmiteinanderverbunden.

Kein Problem gibt es bei der
MÜLL – TREN – NUNG.
Und auch nicht bei dem Wort
EIN – SIL – BIG*.
So etwas nennt man getrennt
Ö – KO – LO – GISCH.

* Sehr seltsam! Das Wort einsilbig hat drei Silben!

Auch Öko? – Logisch!

Nicht erst seit der Grünen Gründung
setzt man im Gartenbau auf Gründung.

Grün war schon immer meine Dewiese

Ich bin ein Öko in der Tat.
Ich hab sogar im Kopfsalat.

Deutsche Sprache - schwere Sprache

Aufgabe: Unterstreiche im Text alle Namenwörter
mit Bleistift und Lineal.
Daniel unterstreicht das Wort *Drei*
mit rotem Filzstift und ohne Lineal.
„Daniel, du sollst nur die Namenwörter unterstreichen!"
„Wieso, *Drei* hab ich doch groß geschrieben."
„Aber *drei* ist kein Namenwort.
Woran kannst du denn ein Namenwort erkennen?"
„Wieso kann ich jetzt nicht Tunwörter machen?"

Dirk schreibt: Der Turm ist Hoch.
„Wieso schreibst du das Wort *hoch* groß?"
„Ha, hoch ist doch ein Tunwort.
Ich frag' einfach: Wie hoch ist der Turm?"

Tina aus der 3. Klasse hat ein Problem:
„Gell, Herr Fischer, *Sex* ist ein Tunwort?"
„Nein, wie kommst du denn auf die Idee?"
„Ja, weil man das doch tun kann."

„Zu welcher Wortart gehören die *Kartoffeln*?"
Sascha: „Zu den Wiewörtern."
„Wieso denn Wiewörter?"
„Wie sind die Kartoffeln?"

Dani hatte einen Unfall und liegt nun im Krankenhaus.
Er schreibt einen Brief an die Klasse:
„… In meinem Kopf hab ich eine Hörner Schüderung. …"

Lyrik in der Grundschule: Elfchen

Ein Elfchen ist eine einfache Gedichtform, die aus genau elf Wörtern besteht, die sich auf fünf Zeilen verteilen. Zwischen den einzelnen Wörtern soll ein inhaltlicher Zusammenhang bestehen.

1. Zeile = 1 Wort   - Gegenstand, Eigenschaft, Farbe o. ä.
2. Zeile = 2 Wörter - Ergänzung, Erweiterung
3. Zeile = 3 Wörter - nähere Beschreibung
4. Zeile = 4 Wörter - Erläuterung: Was passiert damit?
5. Zeile = 1 Wort   - Zusammenfassung: Was kommt heraus?

Heiß!
Ich schwitze,
kaufe ein Eis.
Das Eis fällt runter.
Sch...ade!

In diesem Beispiel haben alle fünf Zeilen etwas mit der Sommerhitze zu tun. - Die Enden müssen sich aber nicht reimen.

In der Regel wird für jede Zeile eine Anforderung formuliert. Ohne diese Vorgaben sind Elfchen nur einfachste Elf-Wort-Konstrukte mit genau fünf Zeilen, für die nicht viel Kreativität freigesetzt werden muss. Einen Satz aus elf Wörtern genau auf die fünf Zeilen zu verteilen ist noch keine Kunstform. Es sollte schon ein bisschen mehr dahinterstecken - oder zwischen den Zeilen stehen.

Zur Not tut es auch ein Notbehelfchen

Einen
Satz mit
genau elf Wörtern
zu bilden, ist doch
KINDERLEICHT.

Elfchen
schafft heute
in der Grundschule
selbst ein einfach gestrickter
ERSTKLÄSSLER.

Elfchen wurden erstmals in den 1980er Jahren in Amsterdam in den Niederlanden vorgestellt und in Deutschland 1988 auf einem Workshop zu kreativem Schreiben.

Ich muss hier gestehen, dass auch die meisten der folgenden "Elfchen" zwar formal korrekt aufgebaut sind, aber nicht allen Regeln der Elfchen-Dichtkunst entsprechen. Ich nehme mir die dichterische Freiheit und nenne diese Elfchen-Parodien deshalb einfach Elfchen verkehrt, Keinsinn-Elfchen, Schummel-Elfchen oder je nach Anzahl der verwendeten Wörter Neunchen, Zehnchen, Zwoelfchen u.ä.

Nota Bene *

Erst
die Zensur
verleiht dem Werk
oft eine ganz besondere
Note.

Doch
wenn jemand
sehr musikalisch ist,
kann er auf Noten
pfeifen.

....

* Nota bene heißt „übrigens" „merke wohl" oder „wohlgemerkt".

Keinsinn-Elfchen von S.Till Schweiger

Wenn
ich elf
Wörter so ordne,
ist es dann ein
ELFCHEN?

Elfchen
dichten geht
echt ganz einfach.
Ich habe es geschafft.
DENKSTE!

Denkste!
Sind doch
nur elf Wörter
ohne Sinn und Vers -
TAND

Addieren:
Ein Elfchen
plus ein Elfchen,
das gibt dann zusammen
ZWO-ELFCHEN

Zwei Minutenelfchen und ein bisschen Meer

Eins,
dann zwei,
drei Wörter hier.
Und nun noch vier.
FERTIG!

Gedichte
ohne Sinn
gibt es doch
wie Sand am Meer
ELFCHEN

Nur
eine Minute
hat es gedauert,
ich habe es geschafft.
ENDLICH!

Elfchen
wie Sand am Meer
sind doch mehr
oder weniger
UNSINN

Rätselreime für Scherzkekse

Ein Scherzkeks ist ein Keks, der scherzt,
ein Herzkasper ein Kasper, der herzt.
Ein Haarspalter ist ein Spalter, der haart,
ein Paarhufer ist ein Hufer, der paart.

Ein Weinhändler ist ein Händler, der weint,
ein Scheintoter ist ein Toter, der scheint.
Ein Schauspieler ist ein Spieler, der schaut,
ein Tausender ist ein Sender, der taut.

Ein Seiltänzer ist ein Tänzer, der seilt,
ein Teilnehmer ist ein Nehmer, der teilt.
Ein Rotzlöffel ist ein Löffel, der rotzt,
ein Kotzbrocken ist ein Brocken, der kotzt.

Ein Brautschleier ist ein Schleier, der braut,
eine Hautärztin eine Ärztin, die haut.
Ein Bahnfahrer ist ein Fahrer, der bahnt
und ein Zahnklempner ein Klempner, der zahnt.

Ein Dudelsack ist ein Sack, der dudelt,
eine Pudelmütze eine Mütze, die pudelt.
Die Sackgasse ist eine Gasse, die sackt
und Kackfarbe eine Farbe, die kackt.

Lachsäcke, das sind Säcke, die lachen,
und Wachmänner sind Männer, die wachen.
Lachsbrötchen sind Brötchen, die lachsen
und Wachstuben sind Tuben, die wachsen.

Rätselreime für Schlitzohren

Ein Schlitzohr ist ein Ohr, das schlitzt
und ein Witzbold ist ein Bold, der witzt.
Die Spielkarte ist eine Karte, die spielt
und ein Stielauge ein Auge, das st_____.

Eine Platzkarte ist eine Karte, die platzt,
eine Latzhose ist eine Hose, die l_____.
Wetterkarten sind Karten, die wettern,
und Bretterbuden sind Buden, die br_____.

Eine Butterdose ist eine Dose, die buttert,
eine Futterkrippe ist eine Krippe, die f_____.
Ein Purzelbaum ist ein Baum, der purzelt,
der Wurzelsepp ist ein Sepp, der w_____.

Eine Schmollecke ist eine Ecke, die schmollt
und die Tollkirsche eine Kirsche, die t_____.
Ein Lebkuchen ist ein Kuchen, der lebt,
eine Webseite eine Seite, die w_____.

Eine Knallerbse ist eine Erbse, die knallt,
und ein Schalldämpfer ein Dämpfer, der sch_____.
Ein Staubsauger ist ein Sauger, der staubt,
eine Laubsäge ist eine Säge, die l_____.

Ein Tauchsieder ist ein Sieder, der taucht,
eine Schlauchrolle eine Rolle, die schl_____.
Ein Bauchnabel ist ein Nabel, der b_____,
eine Rauchschwalbe eine Schwalbe, die r_____.

Abwarten und Teekessel spielen

„Teekessel" oder auch „Teekesselchen" ist ein Sprachspiel, bei dem die Mitspieler ein Wort mit mehreren - in der Regel meist zwei - Bedeutungen erraten sollen.

Das Spiel tauchte erstmals um 1900 in England auf unter dem Namen "*Teapot*". Aber es ist unklar, warum das Spiel so heißt. Eventuell wurde der Lösungszettel in einem Teapot versteckt.

Beispiel für ein Teekesselchenspiel:
BIRNE - Obst oder Licht (oder auch: Kopf)
Zwei Wortgeber vereinbaren gemeinsam und geheim,
wer welche Bedeutung übernimmt und beschreibt.

A: „Mein Teekesselchen kann man essen."
B: „Mein Teekesselchen kann leuchten."
A: „Mein Teekesselchen hat eine Schale." –
B: „Mein Teekesselchen hat eine Haut aus Glas."
Es folgen im Wechsel noch weitere Beschreibungen,
bis schließlich das gesuchte Wort erraten wird.

Es gibt Teekesselwörter mit höherem Schwierigkeitsgrad:
- verschiedene Artikel:
BAND: das Band (Stoff) / der Band (Buch) / die Band (Musik)
- verschiedene Schreibweisen:
die SEITE / SAITE: die Buchseite / die Geigensaite
- verschiedene Wortarten:
der RASEN / rasen: Rasen im Garten / rasen mit dem Auto
- verschiedene Sprachen:
das EI oder EYE (das Auge)

Teekesselwörter in Reimen

Immerhin ist ein Teekesselwort. Man sagt ja:
Immerhin ist jemand zu Besuch gekommen.
Oder: Da scheißt unser Hund **immer hin**. (Mireya, 6 Jahre)

Ein Apfel fällt nicht weit vom Pferd

Es fiel mal ein APFEL
vom Baum auf die Erd',
danach noch ein zweiter,
herunter vom Pferd.

Es ist der Saft
aus Äpfeln vom Pferd
als Getränk nicht
sehr empfehlenswert.

Es fiel eine BIRNE,
herunter vom Baum.
Als die zweite dann fiel,
war's dunkel im Raum.

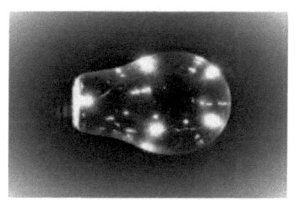

Hier sieht auch wieder
klar und deutlich jedermann,
dass Äpfel mit Birnen
man nicht vergleichen kann.

Rätselhafte Teekesselchen

Es war eine _ _ _ _ _ _,
die hatte kein Kind,
doch trug sie im Bauche
ein kleines Gewind'.

Es lief mal ein _ _ _ _ _ _
so schnell wie der Wind.
Dann lag er am Boden,
darauf lief ein Kind.

Jede SCH _ _ _ _ _ findet
in der Küche ein Fach.
Ist da mal kein Platz mehr,
schraub sie einfach aufs Dach.

Der Herr auf dem _ _ _ _ _ _ _
gab es mir mit Brief und Siegel:
„Kommst du in mein _ _ _ _ _ _ _
kommst du hinter _ _ _ _ _ _ _ und Riegel."

Schlossbesichtigung

Der Schlüssel zur Lösung
ist auf S. 163 zu finden.

Total tierische Teekesselchen

Es geht mancher _ _ _ _ _ _
der Mensch an den Kragen.
Der kann sie am Hals auch
statt Krawatte tragen.

Es fliegt eine _ E _ _ _ _
hinauf auf den Baum.
Sitzt sie in der _ Ä _ _ _ _ ,
dann sieht man sie kaum.

Es war mal ein _ _ _ _ _ ,
der fraß keinen Brei.
Der _ _ _ _ _ vom Vater
tags drauf war vorbei.

Es war mal ein _ _ _ _ _ ,
der ging nie k.o.,
der ging lieber Gassi,
ganz selten aufs Klo.

Während Meister _ _ _ _ _
im Winterwald friert,
Elektromeister Winter
die _ _ _ _ _ repariert.

Lösungen auf der S. 163

Wörter verstecken

	1	2	3	4	5	6	7	8
A								
B		H	A	S	E			E
C		U			L			S
D		N			E	N	T	E
E		D			F			L
F				M	A	U	S	
G					N			
H			K	A	T	Z	E	

Das bekannte Strategiespiel „Schiffe versenken" konnte früher nur heimlich unter der Schulbank gespielt werden. Dagegen lässt sich „Wörter verstecken" heute nach ähnlichen Regeln problemlos im Unterricht auf dem Tisch einsetzen.

Beide Spieler zeichnen zuerst auf kariertes Papier zwei Spielpläne (wie oben). Plan A bleibt vorerst leer.
In Plan B werden wie oben verdeckt 5-8 Substantive zu einem bestimmten Oberbegriff eingetragen (z.B. Tiere, Namen, o.ä.) wie in einem Kreuzworträtsel (waagerecht und senkrecht). Die Wörter dürfen sich kreuzen, aber sonst nicht berühren.

Spieler 1 fragt nun ein Planquadrat von Spieler 2 ab. Bei einem Treffer muss der Buchstabe genannt werden. Spieler 1 trägt den Buchstaben in den Plan A ein und behält das Fragerecht. Ergibt die Abfrage keinen Treffer, wird das Feld gekennzeichnet oder ausgemalt und das Fragerecht wechselt.

Sieger ist, wer zuerst die Wörter des Mitspielers erraten hat.

Eine seltsame Tiergeschichte

DIE KOMMISSARE WOLFGANG WANZELMANN UND KLAUS-DIETER HUHNOLD STANDEN BEI DER PARKUHR AM SCHLUCHSEE UND BEOBACHTETEN DURCH IHRE STARKEN FERNGLÄSER, WIE EIN BÄRTIGER GESELLE, DER IN DER HAND EINE KEULE HIELT, IM FESTSAAL VON BURG LÖWENSTEIN EINEN TEPPICH UND EINEN WERTVOLLEN RING AN SICH RAFFEN WOLLTE.

BEVOR DER DIEB AUF DAS ZIEGELDACH STEIGEN KONNTE, STELLTE SICH DER WIESELFLINKE EMIL TISCHBEIN AM AUSGANG DER BURG TAPFER DEM RÄUBER ENTGEGEN. DER ABER DREHTE SICH UM UND ENTFLOH.

EINE VON IHM AM EISERNEN HOFTOR ZURÜCKGELASSENE PUDELMÜTZE BRACHTE DIE KOMMISSARE AUF DIE SPUR DES GANOVEN WALDEMAR, DER NOCH AM SELBEN TAG FESTGENOMMEN WERDEN KONNTE IM HAUSE DER TAUBEN GRÄFIN KLARA FISCHBEIN, WELCHE GERADE BARFUSS IN IHRER DUSCHWANNE STAND.

Aber was hat diese Geschichte mit Tieren zu tun? Ein guter Detektiv kann in dem Text **40** verschiedene Tiere entdecken.

Lösungshilfe 1

Manche Tiere erkennt man sofort. Beispiele:
DER R<u>ADLER</u> TRAT AUF DIE <u>BREMSE</u>.
Hier wird es etwas schwieriger:
HEUTE <u>KAM EL</u>KE ZU SPÄT ZUM UNTERRICHT.
Aber manche sind gut versteckt:
MAX KENNT SI<u>CH AM STER</u>NENHIMMEL AUS.

Lösungshilfe 2

Hier sind alle 40 Tiere alphabetisch geordnet:
AAL ADEBAR AFFE AMEISE AMSEL BÄR BEO DACHS
ELCH ENTE ESEL EULE FINK FISCH FLOH GANS HUHN
HUND ILTIS KUH LAUS LÖWE LUCHS MARDER MAUS
PFERD PUDEL RABE REH   RIND SCHWAN STAR TAUBE
TIGER WAL WANZE WIESEL WOLF ZEBRA ZIEGE

Lösungshilfe 3

Hier stehen alle Tiere in der richtigen Reihenfolge:
WOLF WANZE LAUS HUHN KUH   LUCHS BEO   STAR
BÄR TIGER ESEL RIND EULE AAL LÖWE ENTE HUND
GANS AFFE ZIEGE DACHS WIESEL ILTIS MAUS PFERD
RABE REH FLOH AMEISE PUDEL ZEBRA WAL MARDER
AMSEL TAUBE FINK FISCH ELCH ADEBAR SCHWAN

…………………………………………………………………...

Die Lösung steht im Anhang auf der Seite 163.

Alle Jahre wieder

Ausblick - ENDE in Sicht

Im Jahr jedes
KALENDERBLATT
das ENDE in
der Mitte hat.

Kalenderspruch

von Reiner Zufall

Fällt Neujahr im Kalender
mal auf den ersten Januar,
dann ist gewiss Silvester
der letzte Tag im alten Jahr.

Letzter KA-LÄNDER-Spruch

Vermutlich wird sich
wenig ändern,
in Deutschland und in
andern Ländern,
allein durch Austausch
von Kalendern.

Karneval: Das kann ja heiter werden

Freitag, 28. Februar. Heute soll ein ganz besonderer Tag werden. Drei Kinder der Klasse, Mark, Alex und Dani haben Geburtstag. Zur Feier des Tages wollen wir wie im letzten Jahr Berliner frittieren. Mehrere Kisten mit Fritteuse, Fett und sämtlichen Zutaten müssen mühsam ins Klassenzimmer geschleppt werden. In der zweiten Stunde habe ich eine Freistunde. Da will ich in der Aula eine Zirkusarena aufbauen für die große Karnevalsfeier am Montag.

Beim Gang durchs Lehrerzimmer fällt mein Blick auf den Vertretungsplan: „*Fi – Sport Klasse 1d*". Ausgerechnet heute. So ein Pech! - Ein Kind verletzt sich beim Springen von der Bank und muss getröstet und verarztet werden. Die anschließende Pause vergeht mit Schuhe binden, eine verschwundene Hose suchen und beim Anziehen helfen. Fast hätte ich noch versäumt, die Sportgeräte wegzuräumen.

Für die Karnevalsfeier müssen Programme und Pläne kopiert werden. Eigentlich wollte ich jetzt den Teig vorbereiten. So muss er eben bis zur dritten Stunde warten. Irgendwie wandern dann die Zutaten doch noch in die Schüssel. Die Kinder werden langsam unruhig. Beim Austeilen hat natürlich jeder viel zu wenig von dem Teig abbekommen. Besonders lautstark beschweren sich gerade die Kinder, die ihre Schüssel zu Hause vergessen haben. (Zwei weitere Schüsseln haben den Transport im Bus nicht überstanden.) Zum Glück findet sich schließlich für alle und alles eine zufriedenstellende Lösung.

Mike zeigt mir stolz die farbigen Zuckerstreusel, die von der vorletzten Weihnachtsbäckerei übrig geblieben sind. Damit will er jetzt seine Berliner verzieren. Mit all meiner mir zur Verfügung stehenden Autorität kann ich es gerade noch ver-

hindern, dass Mike die Streusel in seinen Teig mischt. Ich erkläre den Kindern, dass die Streusel den Teig "verschmutzen" und für das Frittieren in heißem Öl unbrauchbar machen würden. In der Zwischenzeit hat Eli Mike die Streusel „abgequatscht" und schnell in ihren eigenen Teig geknetet. Eli versteht nun die Welt nicht mehr. Vor allem versteht sie nicht, warum sie jetzt keine Berliner mehr machen darf. Während sie noch heftig mit mir diskutiert, bemüht sie sich die einzelnen Streusel aus dem Teigklumpen herauszupicken. Es klingelt zur Pause. Endlich ein bisschen Ruhe. Der Teig kann gehen.

In der vierten Stunde ist Förderkurs und ich soll meine Kinder zu den Parallelklassen schicken, damit ich wie geplant die Aula und die Feier vorbereiten kann. Gerade schließe ich die Zimmertür ab, da stürmt die Klasse wieder die Treppe herauf: „Förderkurs fällt aus!" Wunderbar! Fragen – Antworten – Lange Diskussionen. Der Förderkurs kann doch stattfinden. Jetzt schnell runter in die Aula. Aber die restlichen zwanzig Minuten reichen hinten und vorn, oben und unten nicht!

Es klingelt schon wieder! Ich rase hoch ins Klassenzimmer. Unterwegs begegnet mir Eli, die mich unbedingt davon überzeugen muss, dass ihr Teig nun wie neu und absolut streuselfrei ist. In der Klasse gebe ich die Gruppeneinteilung für die folgende „Frittierstunde" bekannt und erkläre die Aufgaben. Mark und Alex wollen jedoch lieber ihren Geburtstag mit Spielen feiern. Dani, der dritte im Bunde, hält sich bescheiden zurück. Nur Eli will endlich frittieren. Manche lassen sich tatsächlich mit einem Arbeitsblatt ablenken. Andere basteln aus Papier ein „Lachgesicht".

Große Aufregung in der dritten Reihe links: Lena hat Elis nagelneue Kleberflasche aus Glas (!) auf den Boden geworfen und - wie kann es anders sein - die Flasche ist in tausend Stü-

cke zerbrochen. Eli brüllt, Lena weint, der Boden klebt, die Klasse tobt!

„Habe ich euch nicht schon tausend Mal gesagt, dass ihr keine Glasflaschen …" Beim Aufputzen der Scherben-Klebstoffmasse schneide ich mir mit einem Glassplitter in den Finger und ich blute wie ein Schwein. Die Kinder sind sehr besorgt um ihren Lehrer - vor allem um ihre noch unfritierten Berliner. Carla holt aus dem Lehrerzimmer einen Verbands-kasten. Die Wunde wird notdürftig zugepflastert, so dass ich weiter beim Frittieren helfen kann. Nun läuft die Sache wieder wie geschmiert.

Langsam „brutzeln" die Berliner vor sich hin. - Eigentlich viel zu langsam, stellen wir zehn Minuten vor Unterrichtsschluss fest. Kein Wunder - wir haben keinen Strom. Die Sicherung ist mal wieder durchgebrannt. Der Hausmeister ist wie üblich nicht auffindbar. Die Spannung steigt! Schaffen wir noch die letzten Durchgänge. Es klingelt. Fünf Kinder sind mit ihren Berlinern nicht fertig geworden und streiten sich, wer nun als nächster drankommen soll. Die anderen rennen bereits zum Bus. Zum Aufräumen hat keiner Zeit oder Lust. Und so bleibt der ganze Teig mal wieder an mir hängen. Die Kolleginnen wünschen mir im Vorbeigehen schon mal ein schönes Wo-chenende!

Am Montag feiern wir Karneval. Das kann ja heiter werden!

Eigentlich sollte es für die Klasse und unsere drei Geburts-tagskinder ein ganz besonderer Tag werden. Aber am Ende war es dann wieder mal ein ganz normaler Schultag.

Karneval: Die Tante aus Marokko

Passt das Lied von der „Tante" heute noch zur Fastnachtszeit?
Kann dieses etwas volks-dümmliche Lied weiterhin guten
Gewissens in der Schule mit Kindern gesungen werden?

1. Hab 'ne Tante aus Marokko, und die kommt, …
   Wie wäre es mal z.B. mit einem Onkel aus Aleppo?
   Und was wäre, wenn der tatsächlich kommt?

2. Und sie kommt auf zwei Kamelen, wenn sie kommt, …
   Welche Tante reist schon mit zwei Kamelen nach Europa?

3. Und sie schießt aus zwei Pistolen, wenn sie kommt …
   Wieso mit zwei? Darf sie das? Hat sie einen Waffenschein?

4. Und dann schrubben wir die Wohnung, wenn sie kommt …

5. Und dann trinken wir 'ne Cola, wenn sie kommt …
   Muss es unbedingt Cola sein? - Besser Saft oder Wasser.

6. Und dann backen wir 'ne Torte, wenn sie kommt …

7. Und dann schlachten wir ein Schweinchen, wenn sie kommt
   Muss das sein? Das arme Schweinchen!

8. Und dann kommt ein Telegramm, dass sie nicht kommt …
   Wer schreibt heutzutage noch Telegramme?

9. Und dann essen wir das Schweinchen ganz allein, wenn …
   Was essen dann die Vegetarier? Oder muslimische Kinder?

10. Und dann kommt ein Telegramm, dass sie doch kommt

cke zerbrochen. Eli brüllt, Lena weint, der Boden klebt, die Klasse tobt!

„Habe ich euch nicht schon tausend Mal gesagt, dass ihr keine Glasflaschen ...“ Beim Aufputzen der Scherben-Klebstoffmasse schneide ich mir mit einem Glassplitter in den Finger und ich blute wie ein Schwein. Die Kinder sind sehr besorgt um ihren Lehrer - vor allem um ihre noch unfrittierten Berliner. Carla holt aus dem Lehrerzimmer einen Verbands-kasten. Die Wunde wird notdürftig zugepflastert, so dass ich weiter beim Frittieren helfen kann. Nun läuft die Sache wieder wie geschmiert.

Langsam „brutzeln“ die Berliner vor sich hin. - Eigentlich viel zu langsam, stellen wir zehn Minuten vor Unterrichtsschluss fest. Kein Wunder - wir haben keinen Strom. Die Sicherung ist mal wieder durchgebrannt. Der Hausmeister ist wie üblich nicht auffindbar. Die Spannung steigt! Schaffen wir noch die letzten Durchgänge. Es klingelt. Fünf Kinder sind mit ihren Berlinern nicht fertig geworden und streiten sich, wer nun als nächster drankommen soll. Die anderen rennen bereits zum Bus. Zum Aufräumen hat keiner Zeit oder Lust. Und so bleibt der ganze Teig mal wieder an mir hängen. Die Kolleginnen wünschen mir im Vorbeigehen schon mal ein schönes Wo-chenende!

Am Montag feiern wir Karneval. Das kann ja heiter werden!

Eigentlich sollte es für die Klasse und unsere drei Geburts-tagskinder ein ganz besonderer Tag werden. Aber am Ende war es dann wieder mal ein ganz normaler Schultag.

Karneval: Die Tante aus Marokko

Passt das Lied von der „Tante" heute noch zur Fastnachtszeit?
Kann dieses etwas volks-dümmliche Lied weiterhin guten
Gewissens in der Schule mit Kindern gesungen werden?

1. Hab 'ne Tante aus Marokko, und die kommt, …
   Wie wäre es mal z.B. mit einem Onkel aus Aleppo?
   Und was wäre, wenn der tatsächlich kommt?

2. Und sie kommt auf zwei Kamelen, wenn sie kommt, …
   Welche Tante reist schon mit zwei Kamelen nach Europa?

3. Und sie schießt aus zwei Pistolen, wenn sie kommt …
   Wieso mit zwei? Darf sie das? Hat sie einen Waffenschein?

4. Und dann schrubben wir die Wohnung, wenn sie kommt …

5. Und dann trinken wir 'ne Cola, wenn sie kommt …
   Muss es unbedingt Cola sein? - Besser Saft oder Wasser.

6. Und dann backen wir 'ne Torte, wenn sie kommt …

7. Und dann schlachten wir ein Schweinchen, wenn sie kommt
   Muss das sein? Das arme Schweinchen!

8. Und dann kommt ein Telegramm, dass sie nicht kommt …
   Wer schreibt heutzutage noch Telegramme?

9. Und dann essen wir das Schweinchen ganz allein, wenn …
   Was essen dann die Vegetarier? Oder muslimische Kinder?

10. Und dann kommt ein Telegramm, dass sie doch kommt

Die politisch korrekte Tante

1. Ich hab 'ne Tante (Oma) aus Toronto/Toulouse/…
   (oder: Ich hab 'nen Onkel/Opa aus Osaka/Ohio ...)

2. Und sie/er kommt mit einem Flugzeug,*
   oder: Und sie/er fährt ein altes Auto, (Aber keinen Diesel!)
   wenn sie/er kommt - hoppeldihopp!*

3. Und dann knallt's aus ihrem/seinem Auspuff, (Feinstaub!!)
   wenn sie/er kommt - piff paff!*

4. Und sie/er kommt mit einem Koffer, (oder auch mit zwei.)
   wenn sie/er kommt - klipp klapp!

5. Und dann saugen wir die Wohnung, (mit Saugroboter)
   wenn sie/er kommt, saug saug!

6. Und dann pressen wir Orangen, (natürlich vom Biobauern)
   wenn sie/er kommt - gluck gluck!

7. Und dann backen wir 'nen Kuchen, (mit Backmischung)
   wenn sie/er kommt – knatsch knatsch!

8. Und dann schreibt sie/er eine Mail, (oder Whatsapp)
   dass sie/er nicht kommt, oooooohhhh!

9. Und dann essen wir den Kuchen (natürlich glutenfrei!)
   ganz allein, schmatz schmatz!

10. Und dann schreibt sie/er 'ne Whatsapp, (in die Gruppe)
    dass sie/er doch kommt, jipiiiiiiehh!
………………………………………………………………..
* Die zwei Kamele wären vermutlich doch etwas klimafreundlicher.

Liederlich verfasstes Fliederliederbuch

Blüht der Flieder früh im April,
macht er wieder was er wohl will.

Der April ist sicher vorbei,
blüht der Flieder im Monat Mai.

Den Juni stört's nicht im Geringsten,
blüht der Flieder auch noch an Pfingsten.

Wenn der Flieder im Juli erst blüht,
hat er zuvor sich nicht sehr bemüht.

Blüht der Flieder mal Ende August,
hat er einfach im Sommer erst Lust.

Dann im September zur Erntezeit
ist der Flieder ja nicht recht gescheit.

Und blüht der Flieder im Oktober,
ist es ein Irrtum, ein ganz grober.

Blüht Flieder im Monat November,
reimt es sich gut auf den Dezember.

Wenn aber Flieder blüht im Advent,
dann blüht er wieder wider den Trend.

Blüht er in heiliger Weihnachtsnacht,
hat der Flieder ein Wunder vollbracht.

Und blüht der Flieder im neuen Jahr,
ist es Januar - gar Februar.

Blüht dann der Flieder wieder im März,
tut er es sicher nur so zum Scherz.

Ostern: Da lacht der Hase

Alle Achtung! Manchmal muss man
beim Reimen doppelt ACHT geben!

Kunterbunter ACHT-ender

Der
Hase lacht,
er hat gedacht
viel Freude macht
in OOOOsternacht.
Er ganz ganz sacht
mit viiiiiiel Bedacht
Nest vollgemacht
mit Eierpracht.

Bald Urlaub macht auf Osterinsel
mit Segeljacht und Einfaltspinsel.

Hasen rasen

Wenn der
Osterhase
über'n nassen
Rasen rast,

macht er nach
dem Rasen
gern mal auf dem
Rasen Rast.

Zum Muttertag

Verbindliche Worte

Nicht für Mütter geeignet!

Ich konnt' es nie so richtig fassen,
wie gut wir zwei zusammenpassen.

Wir waren doch stets eng verbunden,
muss ich gesteh'n nun unumwunden.

Hab' ohne sie den Halt verloren,
obwohl sie mich nicht auserkoren.

Oh, Mutter, du, ich vermiss' dich sehr.
Wo krieg' ich nur eine neue her?

Auch wenn es mir nun keiner glaubt,
sie hat sich einfach losgeschraubt.

Ich hab's nicht mehr mein Mutterglück,
es fehlt mir sehr, das Schraubenstück.

Geschraubte Worte

Mutter achtet
immer sehr darauf:
Bist du auch richtig
angezogen?

Mein schönstes Ferienerlebnis

Tobias erzählt sein schönstes Ferienerlebnis:
„Mein Opa hat einmal eine Sau geschlachtet und dann
hab ich mir beim Holzhacken voll in den Fuß gehackt
und dann hab ich noch ein Briefmarkenalbum gekriegt."

Jule ganz aufgeregt: „Mein Bruder Sven hat im Urlaub
einen Mann mit einer Pistole gesehen."
Bruder Sven ergänzt etwas weniger aufgeregt:
„Vielleicht war das auch **kein** Mann mit einer Pistole."

Auf der Heimfahrt vom Schulausflug
unterhalten sich Petra und Steffi im Bus.
Petra: „Was erzählst du zuhause deinen Eltern?"
Steffi: „Wenn sie mich fragen, dann sag ich einfach:
Schön war's! - Und dann hab ich meine Ruhe."

Evi erzählt: „Wir waren im Urlaub am Strand. Da hat
jemand in den Sand geschrieben FUCK CHIRAC!
Das hab ich nicht verstanden."
Der Lehrer überlegt angestrengt,
wie er nun dieses etwas heikle
Thema am besten anpacken soll.
Da fragt Evi schon weiter:
„Was heißt das denn, CHIRAC?"*

………………………………………..
* Jacques Chirac war von 1995 - 2007
  französische Staatspräsident.

Sommerzeit – Winterzeit

Nun soll sie also endlich abgeschafft werden, die ungeliebte Winterzeit. Der Sommer hat sich europaweit durchgesetzt!

Sommer für immer

Solang bei uns ist immer Summer,
der Winter macht mir keinen Kummer.
Ich mag viel lieber, es ist heiß,
als Regen, Nebel und so'n Sch...
...muddelwetter.

Die alljährliche Umstellung von der Winter- auf die Sommerzeit war für mich nie ein Problem, die Stunde ist ja im März mitten in der Nacht weggefallen und da ging die Umstellung bei mir immer wie im Schlaf.

Viel besser wäre es allerdings gewesen, diese Stunde während der täglichen Unterrichtszeit wegfallen zu lassen. Das hätte gewiss bei den Lehrern und Schülern mehr Zustimmung gefunden als diese heimlichen Nacht- und Nebelaktionen.

Und im Gegenzug hätte die regelmäßige Rückerstattung im Oktober nicht im Verborgenen erfolgen sollen. Von einer zusätzlichen Freistunde hätte jeder mehr profitiert.

Eine Frage beschäftigt mich allerdings: Wenn nun tatsächlich im Oktober die Sommerzeit beibehalten werden sollte, wer gibt uns dann die im März gestohlene Stunde zurück?

Wie die Konserve, so hat auch die Zeit
nur eine begrenzte Haltbarkeit.

Herbst rückt an

Herbst rückt an mit aller Macht
und mit seiner Farbenpracht.
Er verzaubert Bäume.

Bunte Farbenträume
legt er auf die Sträucher
und bezaubert mich äucher.

Unglückspilze

Pilze schmecken lecker im Herbst.
Doch isst du die falschen, dann sterbst.

Es gibt Pilze - kein Mensch will'se

Es gibt noch andre Pilze, die sind kein Genuss:
Jeder Mensch vor Atompilzen sich hüten muss.

Zum Geburtstag alles Gute

Johanna schreibt Geburtstagsgrüße an ihre Freundin Pia und malt schöne bunte Buchstaben.
Sie will wissen, wie man Bürste schreibt.
Der Lehrer buchstabiert: „B – Ü – R – S – T – E."
Johanna schreibt groß auf die Karte: HAPPY BÜRSTE!

Sachaufgaben, wie sie nicht im Buch stehen

Sabine feiert ihren achten Geburtstag. Als Überraschung hat sie ihrer Klasse ein ganz besonderes Geschenk mitgebracht, eine leckere Erdbeertorte. Die Kinder stürzen sich sofort mit großen Augen darauf und beginnen schon mal mit der Verteilung.

Von den 16 Tortenstücken haben acht ein Schokoherzchen als Verzierung und die anderen acht ein Nüsschen. Doch dummerweise gibt es in der Klasse 21 Kinder. Die Tortenteil-Aufgabe scheint unlösbar zu sein.

Nach zähen Verhandlungen verzichten vier Kinder großzügig auf ihren Anteil. Aber trotz allem hat der Kuchen noch ein Stück zu wenig.

Nach einer weiteren Gesprächsrunde melden sich tatsächlich zwei Kinder, die sich ein Kuchenstück teilen wollen.

Der nächste Schritt besteht nun darin, genau acht Kinder zu finden, die sich mit einem Kuchenstück mit Ziernüsschen zufrieden geben. Die Schokoladenherzchen schmecken ja *soooo* viel besser - und sind deshalb extrem heiß begehrt.

Auf meine Frage, wer nicht *unbedingt* ein Schokoladenstück haben möchte, melden sich schließlich - es ist kaum zu glauben - genauso viele Kinder, dass die Torte problemlos geteilt werden kann.

Um nun diese Kinder für ihr einsichtiges Verhalten zu belohnen, rufe ich zuerst diejenigen auf, die *kein* Schokoherzchen haben wollen. Die Kuchenverteilung kann beginnen.

Die Kinder stellen sich geordnet in eine Reihe und nehmen ihre Stücke in Empfang. Sehr schnell ist die Platte leer. Seltsamerweise stehen in der Warteschlange immer noch vier hungrige Kinder.

Des Rätsels Lösung ist bald gefunden: Die Bedingung, wer kein Schokoladenstück haben möchte, darf sich zuerst seinen Kuchen abholen, hat auch diejenigen ermuntert, sich in die Warteschlange zu stellen, die überhaupt *keinen* Kuchen essen wollten. Und genau diese Kinder haben ihr Stück inzwischen schon verdrückt.

Süße Kinder

**Man muss Kindern,
die nur Süßes lieben,
auch mal einen
Müsliriegel vorschieben.**

Halloween: Süßes oder Saures

Jedes Jahr an Halloween
Kinder um die Häuser ziehn.

„Süßes oder Saures!", ruft der kleine Kai.
„Aber bitte für mich nur laktosefrei!"

„Süßes oder Saures!", bettelt Marlene.
„Ich vertrag' leider keine Allergene."

„Süßes oder Saures!", fordert Christine.
„Nur Gummibärchen ohne Gelatine!"

„Süßes oder Saures!", ruft der freche Franz.
„Ich hab' aber Fruktoseintoleranz!"

Weltspartag am 31. Oktober

Spare in der Not, da hast du Zeit dazu

**Gespart haben wir früher,
als wir noch Kinder waren.
Heutzutage kannst du dir
diesen Weltspartag sparen.**

Ältere kennen den Weltspartag vermutlich noch aus ihrer Kindheit. An einem Tag in der Woche konnten die Kinder beim Lehrer ein paar Zehner oder Markstücke gegen Sparmarken eintauschen, um diese dann in ein Sammelheft einzukleben. Am Weltspartag wurden die Heftchen zusammen mit dem Sparschwein zur Bank gebracht. Dort durften sich die Kunden von morgen kleine Geschenke aussuchen. Das machte den besonderen Reiz des Weltspartages aus.

Mit dem Weltspartag wollten die Banken und Sparkassen die Kinder daran erinnern, dass auch sie bereits mit dem Sparen anfangen sollten. Doch bei den sinkenden Zinsen bzw. weiter steigenden Negativzinsen entfällt die positive Aussicht, mit dem Sparen eventuell ein Vermögen anhäufen zu können.

Seit 1925 findet der Weltspartag offiziell am 31. Oktober statt. Da dieser Tag jedoch in manchen Ländern ein Feiertag ist, wird er auf den letzten Arbeitstag im Oktober vorgezogen.

Im Zeitalter von Online-Banking nimmt die Bekanntheit des Weltspartages immer mehr ab. Zum Teil ist er auch in Vergessenheit geraten, weil er mit Halloween zusammenfällt.

Nikolaus & Weihnachtsmann ...

Liebe Kinder,
glaubt nicht immer alles, was euch die Erwachsenen erzählen.
Man darf mich nicht einfach mit dem Weihnachtsmann in
einen Topf werfen oder in einen Sack stecken. Ich klettere
doch niemals durch enge Schornsteine und bin nur selten auf
Weihnachtsmärkten oder in Kaufhäusern unterwegs. Dort
treiben meist unzählige Weihnachtsmänner ihr Unwesen mit
Rauschebart und rotem Mantel.

... sind zwei Paar Stiefel

**Wie kommt es, dass man Weihnachtsmann
und Nikolaus verwechseln kann?**

**Allein der gute Weihnachtsmann
hat einen roten Mantel an
und macht mit seinem Rauschebart
im Tiefschnee Rentierschlittenfahrt.**

**Ich trage schon seit alter Zeit
mein würdevolles Bischofskleid.
Auf meinem Kopf die Mitra hab'
und in der Hand den Bischofsstab.**

**Ich hoffe, nun ist alles klar.
Auf Wiedersehn, bis nächstes Jahr.**

Euer *Nikolaus*

Über den Kaminrutsch wird oft ein großer Stiefel erzählt und zusammengeschrieben.

1. Nie im Leben passt der dicke Weihnachtsmann mit seinem großen Sack durch so ein enges Loch.
2. ist es in dem Schornstein im kalten Winter viel zu heiß und
3. viel zu rußig. Es ist ein Rätsel, wie die Erwachsenen ernsthaft solch einen Stiefel glauben und sogar erzählen können.

Der Bischof Nikolaus lebte um 300 nach Chr. in Myra (in der heutigen Türkei). Er war bekannt für seine Mildtätigkeit und seine Spenden an notleidende Menschen. Es ist anzunehmen, dass bei vielen Legenden, die über ihn erzählt werden, auch ausgesprochen viel getürkt wurde.

Der amerikanisch angehauchte Weihnachtsmann (Santa Claus) dagegen ist eine "Kunstfigur", deren heutiges Aussehen (weißer Rauschebart und roter Mantel) zum großen Teil von der Firma Coca-Cola geprägt wurde.
(Coca-Cola hat den Weihnachtsmann zwar nicht erfunden, aber seit 1931 sehr erfolgreich für Werbezwecke eingesetzt.)

Zur Unterstützung von Santa Cola Claus und als Ersatz-Christkindl wurde nun in jüngster Zeit in einem Lidl-Spot-Spott-Liedl eine gewisse Santa Clara ins Rennen geschickt.

Man muss heute auch bauen,
auf die Weihnachtsmannfrauen.
Und sogar das dritte Geschlecht
pocht vor dem Fest fest auf sein Recht.

Weihnachten steht vor der Tür

Ein vorweihnachtliches Theaterstück in 20 Aufzügen

Herr Nikolaus sitzt auf einem Stuhl. Links neben ihm steht seine rechte Hand Engel Angela. Draußen vor der Tür wartet Weihnachtsmann Willy mit seinem stummen Rentier Rudy.

Weihnachtsmann Willy klopft dreimal laut an der Tür.
Engel Angela: „Herr Nikolaus, es hat geklopft."
Herr Nikolaus: „Dann schau doch mal, wer draußen steht!"
Angela geht zur Tür, schaut nach, kommt zurück und meldet:
„Herr Nikolaus, Weihnachtsmann Willy steht vor der Tür."
Herr Nikolaus: „Dann lass ihn doch eintreten!"
Engel Angela geht zur Tür und öffnet sie.
Weihnachtsmann Willy betritt mit Rentier Rudy den Raum.
Willy: „Herr Nikolaus, Rentier Rudy ist jetzt startbereit."
Nikolaus: „Lasst uns den Kindern die Geschenke bringen!"
Alle vier gehen ab.- ENDE

Nun wird für jeden Spieldurchgang eine bestimmte Gemüts- oder Stimmungslage vorgegeben:
laut – schreien/brüllen - leise – flüstern – stumm/Pantomime
wütend/böse/verärgert - fröhlich/lachend – traurig/weinend
ängstlich/verzweifelt – nervös/ungeduldig - vergesslich
müde/schlapp – langsam in Zeitlupe - schnell in Zeitraffer
ganz vornehm – cool – singend (Rap - Rock – Oper u.ä.) …
Wichtig: Der Text sollte dabei nicht verändert werden.

Bei den ersten Proben bekommt jeder Mitspieler vier Karten in verschiedenen Farben: Nikolaus blau, Willy rot, Angela gelb, Rudy grün. Bei jedem Spieldurchgang muss eine Farbe abgegeben werden. So kann jeder jede Rolle genau einmal spielen.

Weihnachten wie es ... - Wirklich WAHR?

Weihnachten –
Das Fest des Friedens und der Freude?

Die hochschwangere Maria lebt mit ihrem Lebensgefährten, dem Zimmermann Joseph, in ärmlichen Verhältnissen in der Stadt Nazareth. Wegen einer kaiserlich verordneten Volkszählung muss sich das Paar eines schönen Tages mit einem alten Esel auf die Reise machen.

Es folgt ein beschwerlicher 5-Tages-Fußmarsch auf einer endlos langen Strecke von etwa 150 km von NA nach BE.

Keine Zeit für Ruhe. - Stress pur bei der Geburtsvorbereitung. Erfolglose Herbergssuche. - Das Paar erfährt nur Ablehnung. Bethlehem ist überfüllt. - Keine Aussicht auf einen Schlafplatz. Geburt im dunklen kalten Stall bei Ochs und Esel im Stroh.

(Quelle: eilige Schrift - Textbearbeitung: sigipedia)

Kommentare: Früher war mehr Lametta

So kommentierte *Opa Hoppenstedt* bzw. Loriot das Fest zur Feier der Heiligen Nacht. Hier sind weitere Kommentare:

Herr Rodes: Heutzutage hätten die vorher über booking.com reservieren können. Aber die einfachen Leute vom Land kennen sich bei so etwas nicht aus ...

W. Klage: Das Leben war noch nie ein Ponyhof. Hotelreservierung wäre schon eine super Sache gewesen. Aber die Verbindung war mies damals im Netzaret ...

André Meinung: Was war das früher für ein Aufwand bei Volkszählungen, als man noch zu Fuß oder per Esel zum Volkszähler musste. Bei uns kamen die Volkszähler an die Tür. Und bald geht alles ganz einfach online ...

R. Volk: Ich verstehe nicht, wo das Problem ist bei einer Volkszählung. Wir sind doch das Volk! Volklich gibt es bei uns auch nur zwei Völker: Wir und die anderen. – Genau wie beim Völkerball.

Chris Mess: Man kann von Glück sagen, dass der Jesus zufällig an Heiligabend im Stall das Licht der Welt erblickte und nicht schon früher auf der beschwerlichen Fünftagesreise.

Olli Bergott: Ja, nicht auszudenken, wenn er als Frühgeburt auf die Welt gekommen wäre, beispielsweise am 6. Dezember? Dann wären ja Weihnachten und Nikolaus auf einen Tag gefallen. Das hätte unseren Jahreskalender ordentlich durcheinandergebracht ....

ElsBeth Le Hem: Manche Babys werden ja auch erst Tage später geboren. Die Weihnachtsgeschichte müsste völlig neu geschrieben werden, wenn er erst am 6. Januar … zusammen mit den heiligen drei Königen …

*

Ein

Weihnachts-

* Glimerick *

Brennen am Baume

* die Weihnachtskerzen, *

* bringen sie Licht in unsere Herzen. *

Doch aus ist der Traum * brennt Kerze mit Baum.

* Eher die Kerzen wär'n zu verschmerzen. *

Theater in der Theater-AG

Die Leitung einer Theater-AG ist immer wieder eine große Herausforderung und Aufgabe. Hin und wieder denkt man dabei tatsächlich an Aufgabe! Schließlich ist es nicht so einfach, alleine mit einer Rassel- und Quasselbande, bestehend aus 30 aufgeweckten Kindern, fertig zu werden. Nach den Proben ist auch der Theaterleiter schon mal fix und fertig.

Oft spielt der Inhalt des Theaterstücks bei den künftigen Schauspielern keine entscheidende Rolle. Für viele ist nur wichtig: Welche Rolle bekomme ich? Wie lange stehe ich auf der Bühne? Wie viel Text muss ich lernen? Wenn erst einmal alle Rollen verteilt sind, ist die schwierigste Hürde geschafft.

Einmal hatten sich beim Casting 15 von 22 Mädchen als Königin beworben. Und für die vier Jungs kam selbstverständlich nur die Hauptrolle als König in Frage. Nebenbei wollte jeder noch Erzähler sein, eine kleine Nebenrolle spielen und zusätzlich eine andere wichtige Funktion als Techniker haben. Zu dumm, dass man beim Theater immer diesen blöden Text lernen muss – und noch dazu auswendig! Aber das merken die kleinen Schauspieler erst, wenn es zu spät ist.

Beim Casting: Auszüge aus den Bewerbungsschreiben

A will Königin sein, weil Königin sein ist schön!
B: Königin ist meine Lieblingsrolle. Sie spricht so viel.
C möchte eine große Rolle, am liebsten König und Erzähler.
D möchte eine Königin sein, weil Königin sein ist supercool!
E möchte auch Königin sein, weil sie besonders hübsch ist.

F: Bitte, bitte, Königin! Bitte, bitte! Und bitte auch Erzähler.

Ich werde die Rolle ganz auswendig lernen. Darf ich? Bitte!

G möchte Erzähler sein: Da muss er nichts auswendig lernen.

Stimmungsbilder von den Proben

H kann nach zwei Wochen den Text auswendig. (18 Zeilen)

I lernt ihn erst zwei Tage vor der Aufführung. (4 Zeilen)

J hat einen ganz wichtigen Termin beim Fotografen.

K hat bald genug von dem ganzen Theater.

L ist bei der letzten Probe plötzlich erkrankt und

M hat leider den Termin vergessen.

N fällt regelmäßig aus der Rolle.

O kommt zehn Minuten zu spät,

P will dafür fünf Minuten früher gehen.

Q muss mehrmals dringend zur Toilette.

R und S können Q auf keinen Fall alleine gehen lassen.

T und U schließen sich den beiden an.

V ist bei W zum Geburtstag eingeladen.

X macht schließlich Y und Z noch eine Szene.

Manchmal macht man sich als Lehrer besser
keine Vorstellung bei diesem ganzen Theater.

Irgendwie ging das königliche Theaterstück dann doch mehr oder weniger reibungslos über die Bühne. Von dem tausendteiligen Puzzle fehlten am Schluss vereinzelt ein paar Randstücke, aber zum Glück ist das im Publikum nicht aufgefallen.

Ausgerechnet Mathematik

Eine Rechenstunde in der Klasse 1F
oder
Wann haben wir denn heute Sport?

Diese Geschichte ist nur zum Teil frei erfunden. Jede Ähnlichkeit mit lehrenden und lernenden Personen ist rein zufällig beabsichtigt.

(Regieanweisungen zu dem Theaterstück im Anhang auf S. 166)

Kinder	*stürmen ins Klassenzimmer.* Ich bin Erster! - Zweiter! ...
Lehrer	*Herr Schiffer betritt das Klassenzimmer.*
Britta	*weint*: Herr Schiffer, der Max hat mich mit seinem Turnbeutel gehauen.
Max	*zornig*: Stimmt ja gar nicht! Das war nur aus Versehen. Ich wollte nämlich die Julia treffen.
Lehrer	*beruhigt*: Na, erst mal "Guten Mor..."
Maria	Herr Schiffer, ich muss mal Pipi. Kann ich Pipi machen?
Lehrer	Ja, sicher kannst du. Geh schnell! Also dann, guten Mor ...
Maria	*ganz verzweifelt*: Aber ich krieg den blöden Reißverschluss nicht mehr auf?
Lehrer	*stellt die Tasche ab*. - Sina, hilfst du ihr, bitte! Aber jetzt - guten Morgen, alle zusammen!

Viele	Guten Morgen, Herr Schiffer!
Lehrer	*zieht und zerrt an der Hose von Maria.* Max, du solltest dich vielleicht bei Britta entschuldigen.
Max	*schaut in die andere Richtung.* Also gut, Entschuldigung!
Julia	*hält dem Lehrer ihr nagelneues Mäppchen mit 36 Bunt- und 48 Filzstiften unter die Nase.* Herr Schiffer, kuck mal, gestern war doch mein Geburtstag - und das hat mir meine Omma aus Dooortmund mitgebracht.
Lehrer	*zerrt weiter an Kind und Hose.* *Zu Julia:* Na wunderbar! *Zur Klasse:* Ihr könnt ja so lange etwas Rotes malen!
Maria	*beginnt zu weinen:* Jetzt kann ich niiie mehr Pipi machen!
Lehrer	*ganz ruhig:* Nicht weinen! Das haben wir gleich.
Andi	Kann ich ein Herz malen?
Lehrer	Ja klar, ein Herz kannst du malen.
Sina	Und darf ich auch ein rotes Herz malen?
Lehrer	Ja, du darfst auch ein rotes Herz malen.

Maria	*weint noch mehr - schleppt sich nach draußen.*
Lehrer	*nimmt die Tasche, ... geht zum Lehrertisch.* *Dort liegt eine blaue Jacke. Er hält sie hoch.* Wem gehört denn diese Jacke hier?
Sina	Also, mir gehört die nicht!
Andi	Ich hatte mal so eine, aber die war blau. ... Glaub ich!?
Julia	*hält dem Lehrer ihr neues Mäppchen unter die Nase.* Herr Schiffer, kuck mal, das hat mir meine Tante aus Dooortmund zum Geburtstag mitgebracht!
Lehrer	*leicht genervt:* Ja, schön Julia, das hast du mir gerade schon einmal erzählt. Setz dich jetzt an deinen Platz. Wem gehört denn nun diese blöd... ... diese blaue Jacke?
Britta	Die gehört doch Katrin.
Lehrer	*hält die Jacke hoch.* - Katrin, ist das deine?
Katrin	*erkennt tatsächlich ihre Jacke wieder.* Ach, - jaaa.
Lehrer	Katrin, du kannst doch nicht einfach deine Jacke auf meinem Tisch ablegen!
Katrin	*holt die Jacke ab ... sucht einen Platz* *und legt sie auf den Boden. –* Ach sooo!
Max	*hat es sehr eilig:* Herr Schiffer, ich muss mal! –

➜   *Die Tür geht auf.*

Elli   *poltert ins Klassenzimmer - stolpert über die Jacke.*

Max   *rast an Elli vorbei.* - Ich muss aber ganz dringend!

Elli   *noch im Stehen*:
Mein Kindermädchen hat heute Morgen den
Wecker nicht gehört und dann wollten wir ...

Lehrer   *unterbricht ihn*: Ist gut, Elli, das kann
schon mal vorkommen. Setz dich bitte! –
Katrin, und du hängst jetzt deine Jacke
wie alle anderen auch an den Haken!

Elli   *geht zum Platz - erzählt dort weiter*:
Mein Kindermädchen hat wieder
den Wecker nicht gehört und dann
wollten wir noch schnell mit dem Auto ...

Lehrer   *unterbricht sie wieder*:
Elli, wenn du schon zu spät kommst,
dann solltest du dich möglichst leise ...

Max   *kommt zurück und knallt die Tür zu.*

Katrin   *geht raus und hängt ihren Mantel auf.*

Lehrer   *stellt jetzt endlich seine Tasche ab.*
Max, mach doch die Tür bitte etwas leiser zu!

Katrin   *kommt zurück, lässt die Tür offenstehen.*

Max   *will seine Aufgaben zeigen, weil er
gestern besonders fleißig gearbeitet hat.*

Lehrer	Ja Max, ganz prima! Aber du musst noch kurz warten. Nachher vergleichen wir die Aufgaben.
	Und so ganz nebenbei: Katrin, machst du bitte noch die Tür zu! *Zur Klasse*: Zuerst möchte ich mit euch ein neues Rechenspiel ...
Sina	*gelangweilt*: Ach, das kenne ich schon. Das hat mein Papa am Sonntag mit mir gespielt.
Lehrer	Gut, dann erklär' uns mal, wie dein Spiel geht! Katrin, die Tür ist ja immer noch offen!
Katrin	*schließt die Tür.* - Ach, sooo.
Sina	*erklärt umständlich, wie ihr Papa das Spiel gekauft hat. Und dann war es doch ein anderes Spiel.*
Andi	*ruft aufgeregt*: Herr Schiffer, guck mal, bei mir ist grade ein Zahn raus! Guck doch mal! *Er zeigt allen, die es sehen wollen, Zahn und Lücke.*
Alle	*wollen natürlich Zahn und Lücke sehen.*
Lehrer	Nun müssen wir aber endlich bei Mathe weitermachen und die Hausaufgaben vergleichen. Nehmt alle euer dickes Mathematikbuch!
➜	***Es klopft.***
Schüler	Es klopft!

Lehrer	*laut*: Ja, herein bitte!
Sigi	*bringt ein Rundschreiben.* Guten Morgen! Ich soll für Herrn Schmid fragen, wie viele am Freitag zur Flöten-AG kommen.
Schüler	*freuen sich über den Besuch, winken Sigi zu.*
Lehrer	Ja, dann meldet euch jetzt mal! – Außer Ali sind doch heute alle da?
Britta	Nein, der Ali fehlt heute.
Lehrer	*macht unbeirrt weiter*: Also, … alle, die Flöten spielen wollen, sollen sich jetzt bitte melden!
Maria	*meldet sich*: Ich kann nicht Flöte spielen.
Sina	Ich kann auch nicht zum Flöten gehen, weil meine kleine Schwester ...
Lehrer	*unterbricht sie*: Ja, ja, ist ja schon gut! Ich möchte auch nicht wissen, wer beim Flöten nicht mitmachen will, sondern wer...
Max	Das versteh' ich nicht!!!
Katrin	*meldet sich nicht*: Meine Mama sagt, ich soll jetzt auch beim Flöten mitmachen.
Lehrer	*zählt schließlich alle, die sich nicht gemeldet haben und trägt das Ergebnis in die Liste ein.*
Elli	*erzählt der Nachbarin gerade noch einmal ausführlich und laut ihre Wecker-Story.*

| Julia | *hat in der Zwischenzeit mit ihren neuen* |
| | *Stiften einen hohen viereckigen Turm gebaut.* |

| Maria | *schaukelt mit dem Stuhl. Sie kippt um und stößt* |
| | *an Julias Tisch. Alle Stifte rollen auf den Boden.* |

Alle	*lachen - nur Maria und Julia lachen nicht.*
	Acht Kinder kriechen unter die Tische
	um fünf Buntstifte aufzusammeln.

| Lehrer | Jetzt vergleichen wir die Aufgabe Nr. 3 |
| | auf Seite 42. Max, fang' du mal bitte an! |

| Max | *schlägt umständlich das Buch auf und liest langsam:* |
| | ... 6 ... + ... 3 ... = ... 9, ... 4 ... + ... 5 ... = ... |

| Katrin | Auf welcher Seite sind wir? |

| Lehrer | Seite 42, Nummer 3. - Max, bitte weiter! |

| ➜ | ***FEUERALARM*** ! |

| Alle | *durcheinander*: Feueralarm! - Ist das jetzt echt? |

Lehrer	*beruhigt*: Ich weiß es nicht. Aber wir müssen trotzdem raus. Stellt euch in Zweierreihe auf! Und macht alle Fenster zu!
Max	Darf ich auch meinen Ball mitnehmen?
Lehrer	Nein, das geht nun wirklich nicht! Mach schnell! Wir müssen jetzt raus!
Max	*nimmt den Ball trotzdem mit*.
Hausmeister	*kommt und meldet*: „Fehlalarm! – Keine Panik! Frau Bauer hat nur mit ihrer Klasse Waffeln gebacken! – Alles in Ordnung!
Lehrer	*nachdem sich die Aufregung gelegt und alle Kinder wieder gesetzt haben*: So, wo waren wir vorhin stehen geblieben? – Ach ja, Aufgabe Nr. 3 auf Seite 42. Max, bitte!
Max	*liest sehr langsam*: … 6 + 3 = 9, 4 + 4 = …
Katrin	*reklamiert*: Bei mir steht das aber nicht!
Lehrer	*schaut nach*. Ach Katrin, du hast ja auch das Lesebuch! - Max, mach du weiter!
Max	*liest langsam weiter*: … 4 + 4 … = 8, …2 + 5 … = 7.
Alle	*sind gelangweilt … gähnen …*
Lehrer	Ja, ganz prima! Du hast alles richtig. Andi, jetzt du, das nächste Päckchen!
Andi	*ordnet gerade seine Diddlblättersammlung …* Wer, - iiich?

Lehrer	Genau!
Andi	*… und findet deshalb die Aufgaben nicht.*
Lehrer	*nimmt ihm die Blätter ab.* - Du kannst sie dir nachher in der Pause wieder bei mir abholen.
Lehrer	Warum vergleichst du deine Aufgaben nicht? Nimm jetzt bitte einen roten Stift und mach ein Häkchen dran, wenn die Aufgabe richtig ist.
Julia	Herr Schiffer, ich kann meinen roten Stift nicht mehr finden!
Lehrer	Dann nimm einfach eine andere Farbe!
Julia	Aber den habe ich doch erst gestern von meiner Omma aus Doortmund …
Andi	*geht zum Papierkorb um seinen roten Stift zu spitzen.*
Lehrer	Andi, du solltest jetzt die Aufgaben vorlesen. Du kannst die Häkchen auch mit Bleistift machen.
Maria	*zu Andi*: Hier, ich hab' noch einen roten Stift.
Max	*rechnet schon weiter auf Seite 43.* Herr Schiffer, was soll ich denn jetzt machen? Ich bin schon mit der ganzen Seite fertig,
Lehrer	Du solltest jetzt eigentlich die Aufgaben auf der Seite 42 vergleichen.
Max	Brauch' ich nicht, meine Mutter hat schon alles korrigiert.

Elli	*ganz aufgelöst - ihre Hefte ebenso. Sie packt* *die Tasche aus und verteilt alles auf dem Tisch.* Herr Schiffer, Herr Schiffer, mir ist meine Wasser- flasche ausgelaufen! Und jetzt ist alles ganz nass.
Lehrer	*versucht zu helfen - holt einen Lappen und trocknet* *damit den Tisch und die nassen Sachen.*
Maria	Herr Schiffer, wann haben wir denn heute Sport?
Lehrer	*trocknet weiter.* Schau doch, dort hängt unser Stundenplan! Julia, dann mach' du eben weiter!
Julia	*malt schöne Häkchen in die leeren Kästchen.*
Lehrer	Ach, Julia! … Du hast ja keine einzige Aufgabe gerechnet … und du machst trotzdem Häkchen. Wozu soll das denn gut sein? Gib mir mal sofort dein Mitteilungsheft!
Julia	*sucht – findet es aber nicht.* - Meine Mutter hat es mir schon wieder nicht eingepackt.
Lehrer	*wartet ungeduldig –* *schreibt schließlich eine Mitteilung ins Rechenheft.* Elli, mach du jetzt bitte weiter!
Julia	*erleichtert*: Ach, hier ist ja mein Heft! - Und da ist auch mein roter Stift drin. Den hab' ich doch erst gestern von meiner Omma aus Dooortmund …
Andi	Wann klingelt es denn endlich? Mir ist so langweilig …

Lehrer	*überhört die Frage.*
	Elli, bitte weiter, damit wir wenigstens
	noch vor der Pause fertig werden.

→   *Es **klingelt** zur großen Pause.*

| Andi | Es klingelt!!! |

| Alle | *werden unruhig. –* |
| | *Die ersten rennen schon zur Tür.* |

Lehrer	Halt! Moooment mal!
	Wir müssen vorher noch etwas besprechen.
	Wir fahren doch morgen in den Zoo.
	Und da muss ich noch ...

Max	Ach, im Zoo war ich schon tausendmal.
	Einmal im Kindergarten, einmal mit meiner
	Tante. - Und jetzt schon wieder!!!

| Lehrer | *leicht genervt:* Raus mit euch in die Pause! |

| Julia | Herr Schiffer, was haben wir nach der Pause? |

| Andi | Kann ich meine Diddl-Blätter wieder haben? |

| Katrin | *sucht ihre Jacke auf dem Lehrertisch.* |
| | Herr Schiffer, meine Jacke ist nicht mehr da. |

| Britta | *weint:* Herr Schiffer, der Max hat mich |
| | mit seinem Turnbeutel gehauen! |

| Lehrer | *setzt sich - brüllt:* Raus jetzt! Aber sofort! |

Endlich Pause!

Massen-Hysterie

Was ich hasse an der Klasse
und nicht fasse ist die Masse.

Schul-Zeit-Elfchen

SCHULE
war heute
ganz schön doof.
Schade um die schöne
ZEIT.

Herr Müller, der Brüller

Ein Lehrer, -
des Reimes wegen heißt er Herr Müller -
meinte eines Tages: "Das ist der Brüller!
Mein Füller ist zwar defekt,
denn die Patrone, die leckt,
ich nehm' ihn jetzt einfach
als Pausenfüller."

Pause

Heute schreibt Herr Müller
nicht mehr mit dem Füller,
lieber mit Computer
denn beim Schreiben tut er
kein Blatt mehr vor den Mund
nehmen müssen.

Man könnte meinen, dass es sich hier um zwei misslungene Limericks handelt. Klar, es sind keine echten Limericks, da sie nicht der Norm bzw. den Regeln der hohen Limerick-Dichtkunst entsprechen: Dazu gehören u.a. genau fünf Zeilen mit dem Reimschema -aabba- und, ganz besonders wichtig, die richtige Metrik bzw. das passende Versmaß.

Der Einfachheit halber nenne ich meine misslungenen Limericks, die aufgrund ihrer Form oder Größe aus dem Rahmen fallen,"Halb-so-schLimer-X". "Halb so schlimm" bezieht sich dabei in erster Linie bis zur fünften Zeile auf die Metrik.

Mein Motto: Bevor mir ein Wortspiel in die Hose geht,
lasse ich lieber Metrik und Norm sausen.

Das Schönste in der Schule sind die Pausen

Nach der Kunststunde stürmen die Kinder auf den Pausenhof. Nur Timo bleibt noch im Klassenzimmer und drückt mir seine Brotbox in die Hand. „Halten Sie das mal bitte – bis ich meine Schuhe angezogen habe."

„Du kannst doch die Box hier auf den Tisch legen. Ich muss noch die Farben wegräumen."

„Nein, nein! Ich lege mein Essen nicht so gern auf den dreckigen Fußboden."

Ich lasse ihn stehen und gehe zurück an meinen Tisch. Nun klemmt sich Timo die Brotbox unters Kinn und ruft mir verzweifelt hinterher: „Kucken Sie mal, bestimmt werde ich davon Genickschmerzen kriegen!"

„Dann solltest du aber ganz schnell deine Schuhe anziehen, damit du nicht länger so rumstehen und leiden musst …"

Die Sonne scheint gnadenlos. – Auf dem Pausenhof schaue ich drei Mädchen beim Seilspringen mit dem langen Seil zu. Timo marschiert auf die Gruppe zu und bleibt dann frech in der Mitte auf dem Seil stehen.

Die Mädchen rufen: „Timo, geh da runter!"
Er lässt sich mehrfach bitten, geht schließlich doch weiter und stellt sich in den Hauswandschatten.
„Wieso störst du die Mädchen beim Seilspringen?", frage ich.
„Ich wollte nur hier in diese schattige Ecke gehen."
„Aber du kannst genauso gut an der Seite vorbeigehen. Und du musst dich auch nicht auf das Seil stellen."
Nun beginnt er plötzlich herzzerreißend zu weinen:
„Aber die haben mir ins Ohr geschrien und jetzt habe ich ganz schlimme Kopfschmerzen."
„Ich habe aber zufällig alles genau beobachtet und nicht gehört, dass die Mädchen geschrien haben."
„Aber hallo! Das weiß ich wohl besser!"

Luis soll Timo und seinen Freund Max mit üblen Ausdrücken beschimpft haben.
Luis verteidigt sich: „Timo hat aber mit den Ausdrücken angefangen, mit Arschloch und so!"
Timo gibt zu: „Ja, ich habe zuerst etwas gesagt, aber das war doch nur ein kurzer Satz. Luis hat einen viel längeren Satz gesagt."

Wer nun welchen Satz und in welcher Länge gesagt hat, lässt sich nicht mehr genau nachvollziehen.
Timo: „Aber der Luis hat viel schlimmere Ausdrücke gesagt."
„Aha, du gibst also zu, dass du mit den Beschimpfungen angefangen hast? Was hätte denn Luis deiner Meinung nach tun sollen, wenn du ihn beschimpfst?"
Timo: „Er hätte ja auch einen Stein werfen können."

Nach Unterrichtsschluss erzählt mir Timo wie so oft sehr ausführlich spannende Geschichten aus „*Star Wars*". Ich unterbreche ihn und erinnere daran, dass er mir doch vor der Pause versprochen hatte, die Ablage unter seinem Tisch aufzuräumen.

Nun hat es Timo plötzlich sehr eilig. „Mein Papa wartet vor der Schule. Und der fährt sonst weg!" – „Nein, es war so besprochen, dass du am Schluss noch die Schulsachen unter deinem Tisch aufräumst." „Aber hallo! Ich muss jetzt gehen. Sonst krieg ich wieder Ärger mit meinem Vater!"

Ich helfe ihm beim Aufräumen. Schließlich verabschiedet er sich.

Vor dem Klassenzimmer erzählt Timo der Musiklehrerin ausführlich spannende Geschichten aus „*Star Wars*". Ich unterbreche ihn und erinnere daran, dass er mir …
(Fortsetzung siehe oben.)

Einen hab ich noch

Max will noch schnell einen Witz loswerden:

„Wir haben zuhause zwei junge Kätzchen.
Das eine heißt EINS und das andere ZWEI."
„Das sind aber seltsame Namen," meint der Lehrer.
„Ja, aber sehr praktisch. Wenn EINS wegläuft,
dann haben wir immer noch ZWEI."

Ein Pausenbrot-Aufstrich - selbst gemacht

Besser als nur am Hungertuch nagen,
ist ein Brotaufstrich, dick aufgetragen.

Der Brotaufstrich gelingt noch viel besser
mit dem praktischen neuen Gradmesser.

Schon beim Backen, nicht erst beim Essen,
ist die Temperatur in Grad zu messen.

Foto: Brot auf Strich mit Gradmesser - (von rechts nach links).
Mit diesem Brototyp kann man sich ein gutes Bild machen.

So ein Gradmesser muss immer gerade angelegt werden,
da stets mit einschneidenden Maßnahmen zu rechnen ist.

Aufgeschnappt in der großen Pause

Alle sind so gemein zu mir!

Ganz verzweifelt kommt in der großen Pause
der kleine Jan aus der ersten Klasse zu mir:
  „Herr Fischer, alle sind sooo gemein zu mir!"
„Warum, was ist los?
Wer ist gemein?"
  „Ach, die anderen Kinder.
Die lassen mich nicht mitspielen."
„Was spielen die denn?"
„Fangen."
„Dann frag sie nochmal,
ob du mitspielen darfst."
„Aber die laufen doch
immer alle weg!"

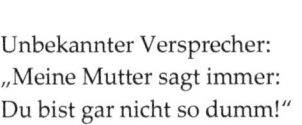

Unbekannter Versprecher:
„Meine Mutter sagt immer:
Du bist gar nicht so dumm!"

Janna packt ihr gesundes Pausenbrot aus.
„Na, was hast du heute wieder Leckeres dabei?"
„Frischkäse und Paprikanten."

Katrin erzählt Nicky: „Du, mein Onkel ist erst 12."
Nicky staunt: „Was, dann bist du ja schon Tante!"

Wem die Stunde schlägt

Ein wilder Western

In der Reihenfolge ihres Auftretens spielen mit:

Till Schweig-Höfer als Ken Tucky
Thomas Gott-Schalkowski als Harry Bow
Matthias Schweigegelder als Bill Dung
Harold Schmidt-Schleicher als Keith Grube
Heiko Pferch in einer Nebenrolle als Tom A. Hawk

Bill Dung liegt unter einem Baum und döst in der Sonne. Nach allen Regeln der Kunst schleicht sich Ken Tucky von hinten an und bohrt ihm tückisch den Lauf seines Revolvers in die Rippen.

Ken   *knurrend*: Gib auf, Bill! Harry Bow hat dich
        verpfiffen. Raus mit der Sprache: Wo ist Keith?
Bill   Aus mir bekommst du keinen Ton heraus.
Ken   *eisig*: Wo steckt Keith Grube? Los oder...
Bill   kann dem Druck des Revolvers nicht widerstehen.
        Da, da drüben am Baum. – Aber ...
Ken   Nichts aber! Und jetzt ab mit dir ins Haus!
        Fluchtversuch ist zwecklos. Vier habe ich schon.
        Widerwillig wird Bill zu den anderen gesperrt.

Ken   *erschöpft*: So, nur noch zwei.
        Und jetzt kommt Keith Grube dran!

Keith Grube liegt faul in der Sonne hinter einem Brunnen und gähnt. Ken Tucky schleicht sich an ihn heran und hält ihm den Revolver unter die Nase.

Ken	*knurrend*: Gib auf, Keith!
	Bill Dung hat dich verpfiffen.
	Und jetzt raus mit der Sprache:
	Wo steckt Tom A. Hawk?
Keith	Das verrate ich nicht.
Ken	*eisig*: Wo steckt Tom? Los oder...
Keith	*kann dem Druck nicht widerstehen.*
	Da drüben hinter dem Zaun. – Aber ...
Ken	Kein aber! Und jetzt ab mit dir!
	Bei Fluchtversuch wird geschossen.
	Fünf von euch hab ich schon erwischt.
Keith	*marschiert mit zusammengebissenen Zähnen*
	ab und wird ebenfalls eingesperrt.
Ken	*erschöpft*:
	So, nur noch einer. Jetzt kommt dieser Tom dran!

Tom A. Hawk sitzt faul in der Sonne und raucht.
Ken Tucky schleicht sich an ihn heran ...

Nachdem auch Tom im Haus eingesperrt ist, begibt sich Ken
Tucky zu seinen Opfern und legt provozierend langsam seinen Revolver auf den Tisch.

Ken:	„Okay, Jungs!"*Er wischt sich den Schweiß von der Stirn*
.	„Holt jetzt sofort euer Mathebuch aus der Tasche
	und schlagt die Seite 57 auf! –
	Und das eine sage ich euch. Wenn ich noch einmal
	alle persönlich aus der großen Pause zusammen-
	trommeln muss, dann könnt ihr was erleben!"

(Regieanweisungen im Anhang auf S. 166.)

Mathe ist ein fieses Fach

Ach,
Mathe ist ein
fieses Fach,
weil ich da oft nur
mieses mach.

Als Schüler habe ich
um Sinus & Co immer
einen großen Bogen gemacht.
Dieses Thema hat mich
nie so richtig tangiert.

Ein Mathelehrer
tanzt nicht gerade gut,
denn er hat nur den
Algorhythmus im Blut.

„Na, was habt ihr denn heute in Mathematik gemacht?",
fragt die Mutter ihre große Tochter nach der Schule.
Lene aus der 5. Klasse erzählt nicht gerade begeistert:
„Ach, wir haben jetzt mit den negativen Zahlen angefangen. -
Aber weißt du, Mama, - für mich sind alle Zahlen negativ."

Das kleine Einmaleinsbrett

Ein Spiel zum Üben der Einmaleinsreihen

Der spielerische Umgang mit dem selbst hergestellten Brett trägt zur Sicherung der Einmaleinsreihen bei und ermöglicht es den Schülern und Schülerinnen, Erfahrungen in Bezug auf den Aufbau der Zahlen im dekadischen System zu machen. Sie können die zum kleinen Einmaleins gehörigen Zahlenfolgen (Einmaleinsreihen) erkennen und üben und dabei Einblick in die Regelmäßigkeit der Zahlenfolgen (periodische Abfolge der Einerstellen) erhalten.

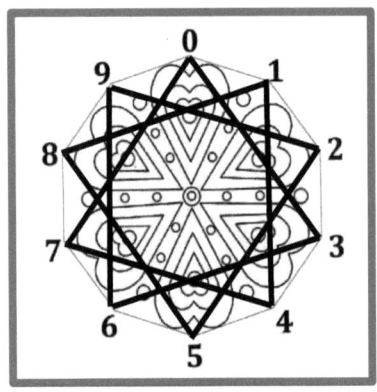

Baumaterial und Werkzeug

- 1 quadratisches Brettchen (ca. 14 x 14 cm, 1,5 - 2 cm dick)
- 1 Kopie des Zahlenkreises (innen mit Mandala oder weiß)
- 10 kleine Nägel (etwa 20 mm lang)
- 1 Wollfaden/Garn (etwa 1 m lang)
  Schere, Klebstoff und Buntstifte
  Schleifpapier, Hammer und kleine Holzleiste 1 cm dick

Bauanleitung

1. Alle Ecken und Kanten des Brettchens sorgfältig schleifen.
2. Papier-Quadrat mit dem vorgegebenen Zahlenkreis auf das Holzbrettchen kleben. In das Kreisinnere kann ein Mandala kopiert oder ein eigenes Bild gemalt werden.
3. Bei jeder Zahl auf dem Kreis einen Nagel einschlagen.
   Beim Nageln eine 1cm dicke Leiste neben den Nagel halten. So ragen alle Nägel gleich weit aus dem Brett heraus und es wird vermieden, dass sie zu weit eingeschlagen werden..
4. Wollfaden bei dem Nagel mit der Null festknoten.

Erprobung

Mit dem Faden "zeichnen" die Schüler spontan Muster auf das Brett, manche erfinden dabei fantasievolle Bilder und Formen, andere legen ihre Fäden in geordnete Bahnen und so tauchen auch schnell die verschiedenen Einmaleinsreihen-Muster auf.

Endstellenmuster auf dem Arbeitsblatt zeichnen

Die verschiedenen Muster werden nun auf dem Arbeitsblatt festgehalten, um sie anschließend vergleichen zu können. (Hinweis: Zuerst den Faden legen, dann mit Lineal zeichnen.)

Entdeckungen beim Legen der Einmaleinsreihen

- Die Fünferreihe ergibt ein etwas 'langweiliges' Muster, da sie im Wechsel nur die Ziffern 0 und 5 als Endstellen enthält.
- Bei den anderen Reihen ergeben immer zwei ein identisches Bild. Die Endstellenfolgen verlaufen jedoch umgekehrt. So ist auf dem Bild S. 89 die 3-er- und auch die 7-erreihe zu sehen.
- Alle Reihen mit den geraden Zahlen (2, 4, 6, 8) erreichen nur die Eckpunkte mit den geraden Endstellen.
- Die „ungeraden" Reihen (1, 3, 7, 9) erreichen alle Punkte.
- Wenn der Faden erst einmal bei der Null angekommen ist, ändert sich das Muster im weiteren Verlauf nicht mehr.

Das kleine Einmaleinsbrett

Wenn du hier die Einmaleinsreihen zeichnest, wirst du eine interessante Entdeckung machen. Benutze dazu dein Lineal.

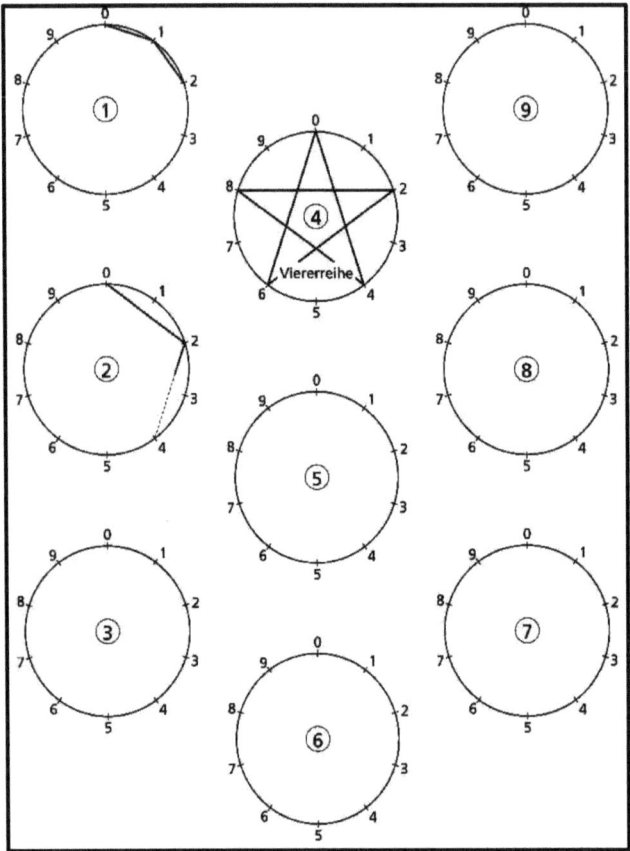

Quelle: Zeitschriftenaufsatz in Praxis Grundschule März 1995 – Heft 2, S. 57-60 ISSN 0170-3722   Verfasser: Fischer, Siegfried

Spanische Rechenkünstler

In Spanien ist uns eine flugunfähige Taube zugelaufen. Bei einer Futtergroßhandlung will ich für das Tier ein halbes Kilo Spezialvogelfutter kaufen.

Der Vogelfutterfachverkäufer holt mit der großen Transportkarre einen 50 kg-Sack aus dem Lager und füllt eine kleine Tüte mit etwa 500 g ab. Und nun folgt der schwierigste Teil der Aufgabe: Wo steckt der Taschenrechner?

Nach mühsamem Abwägen und Abwiegen wiegt der Futterhändler bedenklich mit seinem Kopf. Das Ergebnis seiner Berechnung ist anscheinend nicht zufriedenstellend. Er notiert sich den mühsam ermittelten Betrag auf einem Zettel: 28 Cent.

Dazu kommt noch ein großer Hundeknochen zu 2 Euro.

Der Taschenrechner errechnet schließlich eine Gesamtsumme von 2 Euro 28 Cent.

Stimmt genau! Ich überreiche ihm 2 Euro 30 Cent.

Ein bisschen Trinkgeld hat er sich redlich verdient.

Schriftliche Addition

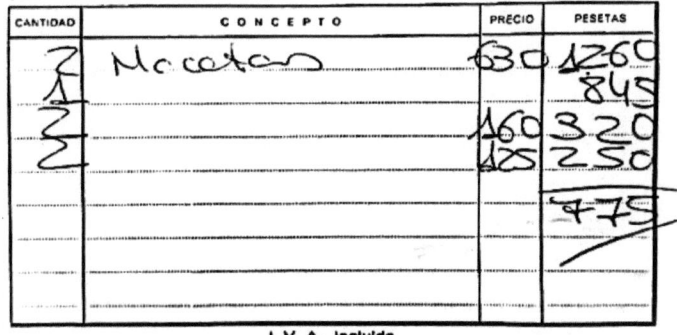

Super Sonderpreise in einer spanischen Baumschule (1992 in Peseten)

Ein Eiskaufs-Erlebnis

Der spanische Eis-Dealer hat ein recht übersichtliches Angebot in seiner Kühltruhe. Unsere Bestellung sieht so aus:
3 Erdbeereistüten zu je 1,20 Euro, 3 Vanilleeistüten zu je 1,20 Euro und eine Tüte mit Schokoladeneis zu 1,50 Euro.
Die Berechnung gestaltet sich unerwartet kompliziert.
1. Schriftliche Multiplikation: Erdbeereis 3 x 1,20 Euro
2. Schriftliche Multiplikation: Vanilleeis 3 x 1,20 Euro
3. Schriftliche Addition der beiden Ergebnisse
4. Nun wird noch das Schoko-Eis schriftlich addiert.
Auf unerklärliche Weise erhält der spanische Rechenmeister als Summe die Hälfte des von mir im Kopf überschlagenen Ergebnisses. Nach meiner Reklamation - wir wollen schließlich auch weiterhin bei diesem Eis-Dealer ein Eis kaufen - startet er etwas widerwillig eine Neuberechnung, die wiederum zu keinem zufriedenstellenden Ergebnis führt.
Am Ende können wir uns auf einen Mittelwert einigen.

Läuft wie geschmiert

Für die kalten spanischen Wintertage wurde Heizöl geordert.
Bei 1000 Litern kostet jeder Liter laut Angebot exakt 50 Cent.
Zur Berechnung des Endbetrags holt der Lieferant seinen Taschenrechner aus dem Lkw und erhält als Summe im dritten Versuch auf den Cent genau 500 Euro. Er ist sichtlich überrascht und freut sich über das schöne runde Ergebnis.

Im Herbst wird's später hell,
und dafür früher finster.
Als ich Heizöl bestell
beim Heizölhändler - grinst er.

Einfaches Bruchrechnen: Vier Viertel

4/4 **1/4**

Auch jede Stadt,
- so richtig groß -
besteht doch aus
vier Vierteln bloß.

So manche Stadt,
ist winzig klein,
da passt nicht mal
ein Viertel rein.

Genau genommen
eine Stadt
ganz selten nur
drei Viertel hat.

Kommt jemand dort
aus Halberstadt*,
ob der dann wohl
zwei Viertel hat?

3/4 **2/4**

Stadt-Teile statt Stadt-Viertel

Man hört niemals, dass eine Stadt
statt Viertel nur Stadt-Drittel hat.

Wenn eine Stadt acht Viertel hat,
ist es dann eine Doppelstadt?

Wenn sie der Viertel zehne hat,
nennt man es eine Szenestadt.

* Die Stadt Halberstadt ist eine Kreisstadt in Sachsen-Anhalt. Sie liegt nicht im HartzViertelland und schon gar nicht im HartzVierland, sondern im Harzvorland.

Ein Stadtviertel ist ein überschaubares, häufig nur aus einigen Straßenzügen bestehendes, soziales Bezugssystem, das sich sowohl räumlich/geografisch als auch von der sozialen oder ethnischen Struktur seiner Bewohner her von anderen Stadtvierteln abgrenzt. Dabei existiert meist keine offizielle Grenzziehung. Das Gebiet wird durch seine Bewohner definiert und ist unabhängig vom Gebiet eines Stadtteils oder Stadtbezirks.

Die Bezeichnung Viertel (Quartier) stammt ursprünglich daher, dass planmäßig angelegte römische, aber auch mittelalterliche Städte oft von den beiden sich im Zentrum kreuzenden Hauptstraßen in vier etwa gleich große Teile geteilt wurden,

In ganz großen Großstädten findet man heutzutage – wie auch bei Nacht – oft weit mehr als vier Viertel: Da gibt es Altstadtviertel, Ausgehviertel, Künstler- oder Szeneviertel, Univiertel, Bankenviertel, Bahnhofsviertel, Hafenviertel, Elendsviertel, Lesben- und Schwulenviertel, Rotlichtviertel, …

(Quelle: sigipedia)

**Städte wie Leipzig oder Danzig,
haben zig Viertel, vielleicht zwanzig.**

**In Berlin und in Köln, was weiß ich,
gibt es an Vierteln bestimmt dreißig.**

Geometrie: Flächen und Körper

Alles hat zwei Seiten

An dem Beispiel WÜRFEL sieht man,
wie einseitig so mancher Spruch ist.
Man sagt: "Alles hat zwei Seiten".

Das stimmt zwar oben und unten,
aber schon hinten und vorne nicht mehr.
Und auf der anderen Seite gibt es ja auch
noch eine linke und eine rechte Seite.
So hat eben alles seine Ecken und Kanten.

Ein Quad*Rad ist eine runde Sache

So ein Quad
hat als Rad
kein Quadrat.
Ach, wie schad!

Ein Quad hat
Kreis als Rad.
Folglich Quad
hat Quadrad.

....

* Ein Quad ist ein kleines vierrädriges Geländefahrzeug
für ein bis drei Personen, häufig mit dicken Ballonreifen.

Genaugenommen hat ein Quad natürlich vier Quad-Räder.
Diese nennt man im "Quadschargong" Quad-Rad-Latschen.

Ich hab ja überhaupt nichts übrig für so einen Quadsch. Aber
für ein Wortspiel kann man so ein Quad schon missbrauchen.

Geometrie: Der Satz des Tales*

Ja, wären alle Berge eben,
wär' manches dort total daneben.
Im Gebirge würd' es dann
am End' kein Tal mehr geben.

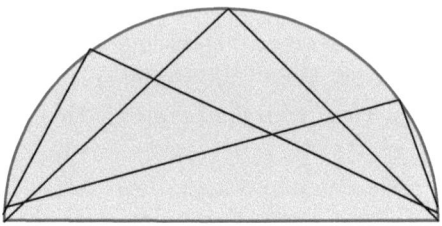

Kurzer Nach-Satz des Tales

Ich finde total toll
in den Bergen:
Hier kann sich ein Tal
toll verbergen.

....

* Der **Satz des Thales** ist ein Satz der Geometrie und ein
Spezialfall des Kreiswinkelsatzes. Vereinfacht lautet er:
„Alle Winkel an dem Halbkreisbogen sind rechte Winkel."
Der erste Beweis wird dem griechischen Mathematiker
und Philosophen Thales von Milet zugeschrieben.

Zahlwort - Rätsel - Raten

3,14 ist eine „runde Zahl",*
die heut' (fast) ein jeder kennt.

3,14 mal darfst du raten,
wie man dieses RÄTSEL nennt?

Das weiß doch jeder ... ! Denk mal an Johnny Depp.
Leichtmatrose Hein Blöd findet solch ein Rätsel
viel zu schwer, weil der ja noch niemals PI SA.

Wie also nennt man dieses Rätsel?

```
* 3, 1 4 1 5 9 2 6 5 3 5 8 9 7 9 3 2 3 8 4 6 2 6 4 3 3 8 3 2 7 9 5
0 2 8 8 4 1 9 7 1 6 9 3 9 9 3 7 5 1 0 5 8 2 0 9 7 4 9 4 4 5 9 2 3
0 7 8 1 6 4 0 6 2 8 6 2 0 8 9 9 8 6 2 8 0 3 4 8 2 5 3 4 2 1 1 7 0
6 7 9 8 2 1 4 8 0 8 6 5 1 3 2 8 2 3 0 6 6 4 7 0 9 3 8 4 4 6 0 9 5
5 0 5 8 2 2 3 1 7 2 5 3 5 9 4 0 8 1 2 8 4 8 1 1 1 7 4 5 0 2 8 4 1
0 2 7 0 1 9 3 8 5 2 1 1 0 5 5 5 9 6 4 4 6 2 2 9 4 8 9 5 4 9 3 0 3
8 1 9 6 4 4 2 8 8 1 0 9 7 5 6 6 5 9 3 3 4 4 6 1 2 8 4 7 5 6 4 8 2
3 3 7 8 6 7 8 3 1 6 5 2 7 1 2
```

Nicht nur die christlichen Seefahrer müssen
immer und überall mit Pi rechnen und raten.

....

* Von wegen „runde Zahl": Die **Kreiszahl** ist definiert als
Verhältnis des Umfangs eines Kreises zu seinem Durchmesser.

Wer des Rätsels Lösung noch immer nicht erraten hat,
dem kann ich nur raten, sie auf der Seite 164 zu suchen.

Sachen gibt's im Sachunterricht

Sachunterricht Klasse 3 – Thema Fahrrad
Frage: „Was ist der Unterschied zwischen einem Hochrad
und einem Niederrad?"
Max: „Hochräder waren viel gefährlicher als Niederräder."
Tom: „Aber ein Maschinengewehr ist noch viel gefährlicher!"

In einem Sachtext taucht das Wort „*Hangar*" auf.
Der Lehrer fragt: „Was ist denn ein *Hangar*?"
Max meldet sich: „Das ist die Flugzeugpiste."
Sam erklärt: „Nein, das ist die Flugzeughalle,
sozusagen eine riesige Garage für Flugzeuge."
Max: „Ach, da gehen die Meinungen weit auseinander.
Darüber streiten sich sogar die Experten."

Der pH-Wert ist reine Einstellungssache

Während meines langjährigen pH-Studiums bin ich eines
schönen Tages auph pholgende verblüphphende Lösung
gestoßen: Ein pphiphphiges Testset zur ephphektiven Be-
stimmung meines pH-Werts.

> **Geht der pH-Wert gegen Null,**
> **reagiere ich ziemlich sauer.**
> **Liegt der pH-Wert aber höher,**
> **so ist das auch keine Lösung.**

Ganz einphach!
Viel Phreude bei der pH-Wert-Bestimmung.

Ich hätte da mal eine Frage

Werfen die Maulwürfinnen eigentlich auch Mädchen?
Oder nur ihre Jungen?

Sind alle kleinen Schafe nach der Geburt lammfromm?
Kriegen sich Schafe auch ab und zu in die Wolle?

Bekommen Naschkatzen vom vielen Naschen
auch einen Naschkater?

Wie sieht ein pudelnackter Langhaardackel aus?

Was hat eigentlich ein Frosch im Hals,
wenn er mal einen Frosch im Hals hat?
Und was macht ein Storch, mit einem Frosch im Hals?

Warum nimmt ein Angler zum Angeln immer nur eine
einfache Angel? Mit einer Tri-Angel könnte er ganz
einfach dreimal mehr Fische fangen.

Müssen Fische nach dem Essen auch eine Ruhepause
einlegen oder dürfen sie sofort wieder ins Wasser zum
Schwimmen gehen?

Hatte Noah in seiner Arche auch Fische?
Müssten wir heute im Sommer auch klagen,
hätte Noah die Stechmücken erschlagen?

Um Antwort wird gebeten

Es gibt viel mehr dumme Fragen als kluge Antworten.

„Was haben alle Fragewörter gemeinsam?" -
„Sie beginnen mit dem Buchstaben W." - „Echt?"

„Welche Antwort kommt im täglichen Unterricht
am häufigsten vor?" - „Keine Ahnung!" - „Genau!"

Kann man eigentlich mit einem Kugel-Schreiber
auch Würfel, Quader oder Zylinder schreiben?

Beim Frühstück habe ich eine H-Milch-Packung geleert
mit dem Mindesthaltbarkeitsdatum 18. Juni. Die Milch
hätte noch mindestens zwei Wochen gehalten.
Was soll ich jetzt mit der übrigen Haltbarkeit machen?

Dumme Frage

"Und weißt du auch,"
fragt der Lehrer das Kind,
"warum man Bienen
nicht in Kirchen find't?"
"Na, klar, weil Bienen
doch in Sekten sind." *

....

* Ein Witz - nicht selbst erdacht, nur selbst in Reime gebracht. In dem
Witz aus dem Netz wollten Ameisen nicht in die Kirche gehen. Allerdings finde ich Bienchen viel netter und passender. Zudem wollte ich
mit dem Text einen Beitrag leisten zur Bienenvölkerverständigung.

Zoo-logische UnSinnSationen

Jedes Schweinchen
hat acht Beinchen.
Neben zwei rechts
gibt es zwei auf der linken.
Ohne die müsste
das arme Tier hinken.

Außerdem kann man
an jedem Schwein finden,
zwei Beinchen vorne
und zwei Beinchen hinten.

Die Idee zu folgender „Haus-Aufgabe" entstammt
einem alten „Leer-Buch". Für alle, die sich darauf
keinen Reim machen können, habe ich es gemacht.

Leer-reiche Haus-Aufgabe

Fünfzehn Besucher
betreten ein leeres Haus
und wenig später
gehen sechzehn wieder raus.
Kann denn das tatsächlich sein?

Zum Glück kommt ein Mann daher.
Er geht in das Haus hinein –
und nun ist es wieder leer.

Noch mehr Schweinchen und mehr Beinchen

Ja, ein Mehr-Schweinchen
ist ein besonderes Tier,
mit viel mehr Beinchen:
Unten hat es nochmal vier.

Kein Meerschweinchen
hat fünf Beinchen.
Ein Mehrbeinchen
hat vier Beinchen
mehr als keins.
Also hat eins
fünf plus vier
gleich neun Beinchen.

Zoo-logisch!- Oder nicht? Auf alle Fälle ist alles erlogen. Eine „Katze mit drei Schwänzen" schleicht lange schon durchs Netz. Aber „Katze" und „Schwanz" lassen sich reimtechnisch kaum in Worte fassen.

Arme Reiche

Zwei Reiche haben vier Arme.
Reichen vier Arme zwei Reichen?

Vier Arme haben acht Beine.
Also haben vier Arme mehr Beine als zwei
Reiche Arme. - Arme Reiche.

Experiment in kleinen Dosen

Ein lehrreiches Experiment, auf das man
nur schwer sich einen Reim machen kann.

Nimm für den Versuch zwei genau gleiche Dosen,
keine kleinen und auch nicht von den ganz großen.

Die obere Dose ist randvoll und schwer.
Die untere ist leicht und vollkommen leer.

Erst beide Dosen zusammen anheben
und wieder auf dem Tisch abstellen.
Dann nur die obere Dose anheben.
Dabei wirst du etwas feststellen.

Die beiden Dosen zusammen sind _____ ,
doch die oben wiegt allein etwas _____ .

Setze oben in die Lücken die zwei passenden Wörter ein:
VOLL - LEER - LEICHT - SCHWER - WENIGER - MEHR

Experiment mit dem Zauberglas

Du brauchst:
ein Wasserglas, Papier oder Pappe und einen Stift.

Zeichne auf das Papier
einen Pfeil von links nach rechts zeigend.
Halte das Papier bzw. den Pfeil hinter das Glas. –
In welche Richtung zeigt der Pfeil?

Fülle nun das Glas mit Wasser. - Beobachte den Pfeil!
Anfangs ist der Pfeil durch das Glas sichtbar.
Er zeigt natürlich von links nach rechts.
Kommt das Wasser dazu, wird der Pfeil etwas größer,
er ändert seine Richtung und zeigt sich spiegelverkehrt!

Hinweis: Verschiedene Abstände ausprobieren. Das
Papier darf nicht zu nah an das Glas gehalten werden.

Das Glas Wasser

Manch einer
findet es
nicht toll,
ist ein Glas
Wasser nur
halb voll.

Für andre
ist es ein
Gewinn,
ist in dem
Glas die
Hälfte drin!

Spieglein, Spieglein in der Hand

Man sagt: Ein Spiegel
vertauscht rechts und links.
Stimmt das tatsächlich?

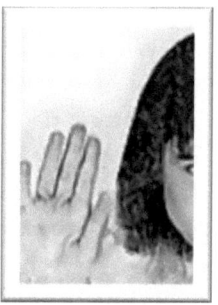

Dazu ein einfacher Versuch:
Stelle dich vor einen Spiegel und
strecke deinen linken Arm aus
wie auf dem Spiegel-Bild rechts.
Die Handfläche zeigt zum Spiegel.

Vergleiche nun deine Hand mit der Hand im Spiegel.*

Ich sehe direkt vor mir	Im Spiegel sehe ich
auf der linken Seite	auf der linken Seite
meine linke Hand	meine linke Hand*
von **hinten**	von **vorn**
(den **Handrücken**)	(die **Handfläche**)
Finger zeigen nach oben.	Finger zeigen nach oben.

**Der Spiegel vertauscht also
nicht links und rechts,
sondern hinten und vorn.**

....

* Der Betrachter sieht sich im Spiegelbild als sein eigenes Gegenüber,
das seine rechte Hand ausstreckt. Aber im Spiegelbild bleibt es trotzdem die linke Hand des Betrachters.

Rätselhaft: Ich steh' im Walde

Ein Rätsel,

wie es im Buche steht.

Es steht im Walde,

fängt an mit B,

hat viele ST

und auch zwei G.

Hier gibt's noch einen
Hinweis zu dem Gedicht:
Oft sieht man den Wald
vor lauter _____ nicht.

Hast du die Lösung mit vier Buchstaben entdeckt? *
Im Text sind auch zwei Lösungen mit fünf versteckt.

....

*. Die Lösung steht ganz hinten im Buche auf der Seite 164.
Einen Buchpreis kann ich für die Lösung nicht vergeben.
Wer will, kann sich gerne dieses Buch an den Hut stecken.

Die Marktlücke für Schlaumeier

Wer um die richtige Ecke denkt, findet auf
diesem Floh-, Trödel-, Groß-, Wochenmarkt
bei entsprechendem Fisch-, Obst-, Gemüse-,
Sachverstand jeden passenden Gegenstand
für die Zahn-, Zaun-, Bildungs-, Marktlücken:

Fest_____	Abend_____	Mittag_____	Steward_____
Fest_____	Abend_____	Mittags_____	Prinzge_____
Ess_____	Kuchen_____	Suppen_____	Schrifts_____
Brot_____	Käse_____	Fisch_____	Durch_____
Blech_____	Plastik_____	Holz_____	Rotz_____
Malz_____	Weizen_____	Bock_____	Bar_____
Rot_____	Weiß_____	Schaum_____	Hausch_____
Schwarz_____	Kräuter_____	Früchte_____	Liber_____
Enten___	Straußen___	Hühner___	Schweiner_____
Mehl_____	Brot_____	Teig_____	Kuh_____
Schweine_____	Kalbs_____	Rinder___	Papierk_____
Hasel_____	Wal_____	Erd_____	Ge_____
Fleisch_____	Salat_____	Party_____	Au_____
Ketschup___	Mayonnaise_____	Senf___	Wachs___
Schwarz_____	Weiß_____	Grau_____	Gel_____

....

Die Lösungswörter stehen auf der nächsten Seite.

Der letzte Stand der Dinge

Hier - am letzten Stand der Dinge –
darf sich jeder aus dem angebotenen
Feld-, Kopf-, Obst-, Wortsalat noch etwas
Feines zum Essen oder Trinken aussuchen.

Meerschwein -Landschwein -Wildschwein -Tischwein
Zauberfee - Traumfee - Märchenfee - Eiskaffee
Ledergurt - Spanngurt - Sattelgurt - Fruchtjogurt
Ohrring - Fingerring - Ehering - Salzhering
Bergsee - Stausee - Waldsee - Frikassee
Morgenstern - Strohstern - Seestern - Austern
Mauerritze - Bettritze - Türritze - Lakritze
Bauchladen – Kramladen - Trödelladen - Marmeladen
Kammertüre - Kellertüre - Küchentüre - Konfitüre
Inliner - Hardliner - Fineliner - Berliner
Siegbert - Engelbert - Dagobert - Camembert
Abstrich - Estrich - Beistrich - Mostrich
Cäcilie - Emilie - Ottilie - Petersilie
Radkappe - Radbremse - Radfahrer - Radieschen
Sparkasse - Sparbuch - Spargeld - Spargel
Torwart - Tornetz - Torlinie - Tortilla
Tapetenleim - Papierleim - Holzleim - Haferschleim

....

Lösungswörter zu Seite 108 - (alphabetisch geordnet)

Bier – Brot – Ei – Essen – Fladen – Leber – Löffel – Mahl
Messer – Nuss – Tee – Teller – Tube – Tomaten – Wein

Verkehrserziehung: Richtig verkehrt!

Kennst du die Verkehrszeichen?

Von den vier Antworten ist nur eine **nicht richtig verkehrt!**

1
a) **Verbot für Fahrräder!**
b) **Fahrräder abstellen verboten!**
c) **Achtung! Hier ist ein Radweg!**
d) **Achtung! Gleich ist dein Rad weg!**

2
a) **Achtung! Straße!**
b) **Achtung! Gefahrstelle!**
c) **Achtung! Auf Satzzeichen achten!**
d) **Laute Ausrufe verboten!**

3
a) **Achtung! Fußgängerüberweg!**
b) **Fußgänger gehen von rechts nach links!**
c) **Verbot für Fußgänger aller Art!**
d) **Betreten der weißen Streifen verboten!**

4
a) **Achtung! Zebrastreifen!**
b) **Achtung! Ausfahrt Heizkörperfabrik!**
c) **Achtung! Elektrischer Zaun!**
d) **Bahnübergang mit Schranken**

5
a) **Hier kann man Hirsche jagen.**
b) **Hier geht es zum Wildpark.**
c) **Achtung! Wildwechsel!**
d) **Wild parken verboten!**

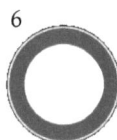

6

a) Achtung! In der Mitte fehlt noch was!
b) Achtung! Kreisverkehr!
c) Achtung! Hier geht's gleich rund!
d) Verbot für Fahrzeuge aller Art!

7

a) Schwarzfahrer müssen rechts fahren!
b) Durchfahrt für Fahrzeuge aller Art!
c) Überholverbot für Kraftfahrzeuge ...
d) Parkverbot für Pkw in zweiter Reihe

8

a) Sand schaufeln verboten!
b) Vorfahrt für Bauarbeiter!
c) Vorsicht! Baustelle!
d) Spargelstecher bei der Arbeit!

9

a) Vorsicht! Flussufer!
b) Achtung! Autowaschanlage!
c) Achtung! Aquaplaning!
d) Nur für Fahrtenschwimmer!

10

a) Gefährliche Querstraße!
b) Achtung! Sackgasse!
c) Verbot der Einfahrt!
d) Ziemlich beschränkter Bahnübergang!

11

a) Hier ist ein Wahllokal!
b) Halteverbot für alle Fahrzeuge!
c) Parkplatz für Rotkreuzfahrzeuge!
d) Achtung! Gefährliche Kreuzung!

12
a) Vorsicht! Sehr steile Auffahrt!
b) Achtung! Raketenübungsgelände!
c) Achtung! Straßensperre!
d) Vorfahrtstraße!

13
a) Verengte Fahrbahn!
b) Vorsicht! Glascontainer!
c) Gefährliche Einmündung!
d) Zwei Spuren treffen zusammen!

14
a) Achtung! Gebirgsstraße!
b) Achtung! Unebene Fahrbahn!
c) Achtung! Wanderdünen!
d) Achtung! Minigolfplatz!

15
a) Achtung! Kurve rechts!
b) Abknickende Vorfahrtstraße!
c) Nach links abbiegen verboten!
d) Rechtsdrehender Bumerang!

16
a) Achtung! Ölspur!
b) Achtung! Scharfe Rechtskurve!
c) Schleudergefahr bei Nässe!
d) Scharf bremsen verboten!

17
a) Parken am Abhang verboten!
b) Achtung! Gefälle!
c) Fahrbahn neigt sich nach rechts!
d) Hinweis Sommerschlussverkauf!

a) Sicherheitsgurt anlegen!
b) Autobahn überqueren verboten!
c) Ende der Autobahn!
d) Parkverbot auf der Autobahn!

a) Das ist der Hammer!
b) Hier steht eine Informationstafel!
c) Hinweistafel Roter Platz!
d) Achtung! Sackgasse!

a) Verbot für Väter aller Art!
b) Weg mit Mutter und Kind!
c) Sonderweg für Fußgänger!
d) Sorgerecht für Mütter!

a) Hier ist was verkehrt!
b) Vorfahrt beachten!
c) Verbot der Rücksicht bei Vorfahrt!
d) Achtung! Schild steht auf dem Kopf!

Auswertung:

Lösungen:
1a - 2b - 3a
4d - 5c - 6d
7c - 8c - 9a
10c - 11b - 12d
13a - 14b - 15a
16c - 17b - 18c
19d - 20c - 21b

21 richtig	… genial
19-20	… kolossal
16-18	… phänomenal
13-15	… stinknormal
10-12	… schaun mer mal!
08-09	… versuch's nochmal!
06-07	… grad egal
04-05	… total fatal
02-03	… minimal
00-01	… scheißegal!

Hier spielt die Musik

Wer keine Ahnung von Tuten und Blasen hat,
kann trotzdem ein passabler Pauker sein.

Vielleicht hat er auch nur eine kleine Blasenschwäche.
Aber das muss man ja nicht gleich hinausposaunen.

Es reicht, wenn er ordentlich eine Standpauke halten
oder den Kindern die Flötentöne beibringen kann.

Singe, wem Gesangbuch gegeben

- Wer's nicht kann, der lässt es eben -

**Weil beim Singen, die kleinen
Bienchen, die dummen,
immer den Text vergessen,
müssen sie summen.**

**Auch die Wespen und Hummeln
gern dabei schummeln.
Doch die dicken Hornissen
singen bescheiden.**

Übrigens, nur dass ihr es wisst:
In einem Orchester der Hornist
nicht der Gatte der Hornisse ist.

Der Anton macht die Musik

Bass erstaunt

Ziemlich ALT sah aus sein Chor,
als der BASS - das kommt mal vor -
nicht recht traf den BARITON,
wie zuvor der SOPRAN schon
ging vorbei an dem TENOHR.

Weil Anton kam auch nicht voran
beim Duett mit MEZZOSOPRAN,
letztendlich dann voll Frustration
vergriff er sich am BARITON.

Bass – bässer – am bässten

Eine Tontaube ist echt zum Schießen.
Die gibt gerade mal ANTON von sich,
hört aber selbst überhaupt KANTON.

Mit einer großen Klappe
kann man nicht Kleinlaute spielen.

Aus einem Leisetreter
wird nie ein guter Lautespieler
und aus einem jungen Blasebalg
niemals ein alter Dudelsack.

Musikalische Irrtümer und Weisheiten

Die Wassermusik ist nicht von Bach
und im Wienerwald gibt es selten Händel.

Aus Tina Turner wurde keine berühmte Sportlerin
und der Beckenbauer kein Instrumentenfabrikant.

Einfaltspinsel sind keine Streichinstrumente und
Kabeltrommeln keine elektrischen Schlagzeuge.

Seemannslieder spielt man auf dem Schifferklavier.
Wer dabei leicht ins Rudern oder Schwimmen kommt,
kann es auch mal mit einem Schwimmflügel probieren.

Ein guter Pianist braucht für die Pedale
am Klavier keine speziellen Fußnoten.

Ein Notenbankchef muss nicht musikalisch sein.

Spielt ein FaGott ein Duett mit zwei Flügeln
hängt vermutlich der Himmel voller Geigen.

Flöten sind Silber, aber Geigen sind Gold wert.
Nur wenige Geiger haben einen eigenen Geigerzähler.

Es stimmt nicht, dass alles zwei Saiten hat. Geigen
haben vier, Gitarren sechs und manchmal sogar zwölf.

Auch bei kleinen Hauskonzerten sind Pikkoloflöten
zum Anstoßen mit Sekt nicht sehr zu empfehlen.

Kunst-Betrachtungen

DIE WARE KUNST

Alles was ein Mensch macht,
(malt, gestaltet, baut,
schreibt, dichtet, musiziert
oder auf eine andere Art
und Weise von sich gibt)
ist natürlich Kunst,

aber nur wenn der Künstler
mindestens einen anderen
Menschen findet,
der sein Werk als Kunst betrachtet.
Diesen anderen Menschen zu finden
und zu begeistern, das ist

DIE WAHRE KUNST.

SHIT als HIT

Manche machen
KUNST aus MÜLL
und bekommen
BEIFALL für ABFALL.

KUNST vers TAND

Papierfaltarbeiten

PAPIERKRAM

ORIGAMI
ist doch keine Kunst!
Macht mir keinen Spaß.
Das kannst du echt
KNICKEN.

Origami ist eine alte japanische Papierfaltkunst.
Wem dieses Papierfalten keinen Spaß macht,
kann es gerne einmal mit Lachfalten versuchen.

Eine Schätzfrage – Keine Scherzfrage!

Wie oft lässt sich ein Blatt Papier falten?
2x - 4x - 6x - 8x oder sogar 10x?
(Bei jedem Falten soll die Fläche halbiert werden.)

Es gibt nur eine richtige Antwort.
Am besten selbst einmal ausprobieren.

Qualitätsrahmen und Rahmenbedingungen

Neulich wollte ich mir in der Schule mal wieder ein Bild machen. Im Flur hängen nämlich nur noch so ein paar alte Kunstdrucke rum: Auf der einen Seite ist da ein Bild für Götter und an der anderen Wand hängt ein Bild des Jammers!

Obwohl ich gerne in Bildern spreche, sollte es kein Hörbild werden. Und auf keinen Fall wollte ich die Schüler den Teufel an die Wand malen lassen. Im Kopf hatte ich eine bestimmte Vorstellung. Das Ganze sollte im Rahmen des Möglichen geschehen.

Ich ging also in eine mir naheliegende Rahmenhandlung und nannte meine Rahmenbedingungen und die genauen Eckdaten. Ein stilvoller Qualitätsrahmen sollte es sein.

„Bei einem alten Schinken muss man mit einem Rahmen pro Gramm rechnen", meinte der Rahmenfachhändler.
Er war offensichtlich nicht vom Fach Bildende Kunst und deshalb nicht so recht im Bilde.
Dieser eingebildete Kerl hat keinerlei Rahmenkompetenz, dachte ich bei mir und verschwand von der Bildfläche.

**Für die Kunst kann
der passende Rahmen
nie groß genug sein.**

**Aber nicht alles,
was in einen Rahmen passt,
ist auch wirklich große Kunst.**

Rahmengesetz für Qualitätsrahmen

Bei moderner Kunst
zweifle ich manchmal
an meinem Verstand.

Fällt ein Bild
aus dem Rahmen,
muss das nicht
unbedingt ein besonders
wertvolles Gemälde sein.

Es kann auch durchaus
an der miesen Qualität
des Rahmens liegen.

KUNST-TURNEN
ist Spitzensport, der Akrobatik, Kraft,
Beweglichkeit und Tanz verbindet.
Da schaut man gerne zu.

KUNST-RASEN
ist eher etwas zum Davonlaufen.
Natürlich rasen viele lieber in der Natur.
Ich steh' auch eher auf
NATUR-RASEN.

Ein verrücktes Kunststück

Der Maler Vincent van Gogh hatte schon in jungen Jahren eine August Macke. Zu Beginn seiner Karriere wurde er über den grünen Paul Klee gelobt: Der Vincent hat echt was auf der Palette! Als Expression ist aus ihm sozusagen das Pik Asso der Malerei geworden.

In Paris verdiente sich Vin Cent so manche Franz. Marc. Aber eines Tages ist er dem Wahnsinn verfallen und Claude Monet. Zur Strafe warf man ihm mehrmals ältere Bruegel vor das Tischbein und behandelte ihn wie Lautrec. (Der war ja wie er ein waschechter Toulouser.)

Mit seinem Freund und Kupferstecher Peter Paul Rubens – ab und an auch mit anderen künstlerischen Gestalten - ging Vincent des Öfteren auf den Pinselstrich. Am anderen Morgen kamen sie jedes Mal mit einem ordentlichen Rembrandt heim. Maler und mal er - und auch mal alle beide. Mein Max Liebermann! Sie konnten den Franz Hals einfach nicht voll genug kriegen, nicht einmal von Hundertwasser.

So hatte Van Gogh bald keinen Malgrund und kein Temperament mehr, nahm mehr und Jan Vermeer van Delft ab, wurde dürr und Albrecht Dürer. Zu allem Überfluss bekam er schließlich noch ein Hans Holbein.

Nachdem er 1889 ein Ohr verlor, verstarb Van Gogh ein Jahr später im Alter von 37 Jahren an Moritz von Schwindsucht.

……………………………………………………………………..
Es heißt: Viele Van Göghe verderben den Brei. Aber wie viele sind es? Jeder kann sich nun selbst mal ausmalen, wie viele Maler in diesem Text mitspielen? - (Die Lösung steht auf der Seite 164.)

Sportwissen

Die Wissenschaft hat festgestellt,
dass, wer sich an die Regeln hält
und 100 Jahre Sport betreibt,
sehr lange Zeit am Leben bleibt.

Denk-Sport-Fragen

Ich fragte mich schon damals als Kind,
warum beim Boxen Ringe eckig sind.*
Mein Freund Eckbert meinte: „Na und,
ein Ball ist auch beim Eckball rund."

Doch warum ist der Eckball rund?
Es hat ganz sicher seinen Grund:
Denn wenn ein Eckball eckig wär',
dann wäre es kein Fußball mehr.

* Ja - und warum ist der Ring beim Boxen eckig?
Sollten in einem Ring nicht besser Ringer ringen?
Und warum boxen die Boxer nicht in einer Box?

Gibt es wirklich Hundeboxen und Pferdeboxen?

Kann man mit Pfeilen tatsächlich Bogen schießen?
Und wie kann man Kerzen gerade schießen?

Das Gewichtheben fällt vielen ziemlich schwer.
Aber warum fällt vielen Gewichtabnehmen so schwer?

Rein sportlich betrachtet

Der springende Punkt ist nur ein Satz.

Am Ende hat
EIN SATZ
immer einen Punkt.

Doch beim Sport
kommt man am Ende
nur mit
EINSATZ
zu Punkten.

Wer keinen rechten Satz
auf die Beine stellen kann,
der sollte besser nicht versuchen,
über einen breiten Bach zu springen.

Mit einem ordentlichen
Sprung in der Schüssel
sollte man als Weitspringer
nicht ins kalte Wasser springen.

Mit großen Laufmaschen
in den Sportsocken
gewinnt man vermutlich
keinen Wanderpokal.

Sport wagen

Zu Beginn der Sportstunde rennen alle Kinder der ersten Klasse kreuz und quer durch die Halle. Allein die kleine Anni bleibt stur in der Mitte sitzen und jammert:
„Ach, ich mag nicht so gern laufen. Sonst bin ich nach der Sportstunde immer so schrecklich müde."

Finn atmet schwer, er wischt sich den Schweiß von der Stirn.
„Weißt du, warum ich heut' so arg schwitze? - Guck mal!"
Er streckt mir seinen Arm entgegen und antwortet selbst:
„Weil ich zum Geburtstag ein Schweißband gekriegt hab."

Saskia weint und zeigt auf den Mittelkreis in der Turnhalle:
„Ich bin ganz schlimm ausgerutscht, weil ich da immer ganz voll um die scharfe Kurve gerast bin."

Beim Bodenturnen der Mädchen aus Klasse 4 spielen sich regelmäßig "entsetzliche Szenen" ab. Rutschen doch immer mal wieder die T-Shirts etwa eine Handbreit nach oben und geben so den Blick auf den völlig entblößten Bauchnabel frei. Die Mädchen sind dann jedes Mal total von der Rolle, wenn sie - möglichst mit beiden Händen – versuchen, ihr verrutsch- tes T-Shirt zurechtzurücken - wohlgemerkt bei der Rolle vor- wärts und beim Handstand!
Keine halbe Stunde später werden die jungen Damen "an- standslos" auf dem Schulhof gesichtet:
Bauchfrei! Das ist der aktuelle Modetrend und bei der Jugend als Hingucker angesagt.

Schöne Schischul-Scheinlösung

Wenn Langlaufschischüler in ein Langlaufschischullandheim
fahren, um dort den Langlaufschischullandheimschein
zu machen, dann ist dieses Langlaufschischullandheim das
Langlaufschischullandheimschein-Langlaufschischullandheim
und die Langlaufschischüler sind dann die
Langlaufschischullandheimschein-
Langlaufschischullandheim-Langlaufschischüler.

Der Stellvertreter des Schülersprechers
der Langlaufschischullandheimschein-
Langlaufschischullandheimschischüler ist dann der
Langlaufschischullandheimschein-Langlaufschischullandheim
Langlaufschischülerschülersprecherstellvertreter.

Und der Langlaufschischullandheimschein des
Langlaufschischullandheimschein-Langlaufschischulheim-
Langlaufschischülerschülersprecherstellvertreters ist folglich
Langlaufschischullandheimschein-Langlaufschischullandheim
Langlaufschischülerschülersprecher-
stellvertreterlanglaufschischullandheimschein.

Um nun den schönen Schein zu wahren bzw. zu schonen,
wird jedem Schülersprecherstellvertreter die Anschaffung des
Langlaufschischullandheimschein-Langlaufschischullandheim
Langlaufschischülerschülersprecherstellvertreter-
Langlaufschischullandheimscheinschoners empfohlen.

Diesen Schoner bekommt der Langlaufschischüler in jedem
Langlaufschischullandheimschein-Langlaufschischullandheim
Langlaufschischülerschülersprecherstellvertreter-
Langlaufschischullandheimscheinschonershop.

Sollte der Schonershop etwas unsortiert sein und den Schoner gerade nicht finden, so wendet man sich am besten an den Langlaufschischullandheimscheinlanglaufschischullandheim-Langlaufschischülerschülersprecherstellvertreter-Langlaufschischullandheimscheinschonershopchef bzw. an die entsprechende -Chefin, gegebenenfalls - falls beide verhindert sein sollten - an die Langlaufschischullandheimschein-Langlaufschischullandheimlanglaufschischüler-Schülersprecherstellvertreter-Langlaufschischullandheimscheinschonershopchefsekretärin.

Das Schreiben landet dann früher oder später auf dem Langlaufschischullandheimschein-Langlaufschischullandheim Langlaufschischülerschülersprecherstellvertreter-Langlaufschischullandheimscheinschonershopchef-Sekretärinnenschreibtisch …

Allerdings ist das letzte Wort (hier mit 175 Buchstaben) noch lange nicht gesprochen bzw. geschrieben.

Der dritte Mann

**Am Skilift stehen zwei Doofe,
lesen das Schild: „NUR ZUTRITT !"
„So ein Mist! Wir müssen warten.
Da muss noch ein Dritter mit."**

Drittbrettfahrer

**Es soll Skifahrer geben, die auf zwei Brettern
abfahren und ein drittes vor dem Kopf haben.**

Sport-Denksport: Die Olympischen Ringe

Olli möchte die fünf olympischen Ringe farbig ausmalen.
Aber er hat die genaue Reihenfolge der Farben vergessen.
Er weiß noch:
- Die fünf Ringe sind rot, gelb, grün, blau und schwarz.
- Der blaue Ring ist außen.
- Der gelbe Ring ist nicht am Rand.
- Der zweite Ring von rechts ist grün.
- Zwischen dem roten und dem gelben Ring
  sind noch zwei andere Ringe.

Kannst du Olli helfen? (Die Lösung findest du auf Seite 164.)

Die Idee zu den Ringen hatte der Begründer der modernen
Olympischen Spiele, der Franzose Baron Pierre de Coubertin.
Die Ringe sollen die fünf Kontinente symbolisieren, aber offiziell ist keine Farbe einem ganz bestimmten Kontinent zuge-
ordnet. Die Idee war, dass die fünf olympischen Ringe mindestens eine Farbe von jeder Nationalflagge enthalten sollten.

Die olympische Flagge hat übrigens nicht nur fünf, sondern
sechs offizielle Farben. Welches ist wohl die sechste Farbe?

Flagge zeigen ...

Aufgabe: „Zeichne die deutsche Flagge und male sie in den richtigen Farben an."
Michi zeichnet die drei Streifen sehr sorgfältig und malt sie dann mit schwarzer, roter und grüner Farbe aus.
Er beschwert sich hinterher, weil er dafür nicht wie erwartet die volle Punktzahl bekommen hat.
„Eigentlich soll das Grüne gelb angemalt sein.
Aber ich hab meinen gelben Stift nicht gefunden."

... und Farbe (be)kennen

In ein Geschäft für Flaggen
kommt eine blonde Frau:
„Gibt es hier deutsche Fahnen?
Ich such' eine in Blau."

„Schwarz-Rot-Gold gibt's leider nur
in unsrem Angebot."
„Na gut, dann nehm' ich eine
deutsche Fahne in Rot."

Wir sprechen im Morgenkreis über das heftige Unwetter vom letzten Wochenende und die schweren Überschwemmungen.
„Habt ihr gestern Abend im Fernsehen gesehen, was da am Sonntag wieder Schlimmes passiert ist?"
Fußballfan Michi meldet sich aufgeregt zu Wort:
„Ja, der Marco Reus darf nicht mit zur EM."

Der Fußball-Tor des Monats

Ein Tor ist nicht immer
ein Volltreffer.
Ein Tor kann auch mal
ein Vollpfosten sein.

Volltreffer

Schießt einmal ein Tor
rechts vorbei am Tor
und beim zweiten Schuss
knapp links daneben,
dann hat es bei diesem Kick
im Durchschnitt laut Statistik
einen Volltreffer gegeben.

Richtig de-platziert

Es sollten einmal bei einem Fußballturnier
die Ergebnisse notiert werden auf Papier.
Die Turnierleitung war etwas in Eile,
brauchte dringend noch eine Titelzeile.
„Muss ich Pla…ierung mit z oder tz schreiben?"
„Wenn du's nicht weißt, lass es einfach bleiben!
Und kurz darauf stand an oberster Stelle,
ganz groß auf dem Plakat
T A B Ä L L E.

Ein Kinderspiel

Beim Lego-Spiel die Zeit vergeht,

der Zeiger rasch sich weiterdreht.

Die bunten Steinchen mag ich sehr,

am liebsten hätt' ich davon mehr.

Gern halt ich sie in meiner Hand,

und spiel' verträumt im Legoland.

Ich setze dabei Stein auf Stein,

als ein Legosteiniger-lein.

Ein uralter LEGO*Stein der allerersten Steinzeit-Generation. Als dieser noch ein kleines Bausteinchen war, steckten die vielen vielen bunten Smarties noch nicht einmal in den Kinderschuhen.

Nach dem Wirtschaftswunder hat er die Kuba-Krise, Korea-, Vietnam- und Sechstagekrieg mitgekriegt und die wilden 68-er am Rande mitverfolgt. Vor allem der Mauerbau 1961 und die an- bzw. abschließende 30-jährige Verbannung auf unseren Dachboden haben ihm mit der Zeit stark zugesetzt.

Die Wende hat er dann einfach nicht mehr gepackt. Sogar ein Stein verliert da mal seine Fassung bzw. die Farbe. Ursprünglich war ja er einmal mein „Stein, der Weiße" - doch inzwischen ist er total vergilbt. Aber trotz allem noch erstaunlich gut in Form.

....

* LEGO - - leitet sich ab von **dänisch** *leg godt* „spiel gut".
- größter Spielzeughersteller der Welt mit Sitz in Dänemark

Spielfried im Legoland

**Als ich noch ein
kleiner Legobauerbub war,
habe ich meiner Mutter oft
Steine in den Weg gelegt.**

Trotz niedriger Zinsen ist der Hochhausbau mit Legosteinen etwas ins Stocken geraten. Und vom Mauerbau wollte man verständlicherweise lange Zeit auch nichts mehr wissen. Die Spielkisten der Kinder wurden zunehmend mit Rädern, Blümchen, Tierchen, Töpfchen und diversem Kleinkram überschwemmt. Darauf lässt sich nicht so gut bauen.

Der schiefe Turm von Lisa

**Der Lehrer laut
„Oh Schande!" rief.
„Dein Turm ist da
am Rande schief."**

Teil-Zeitarbeit

**Ein Gedicht
ist wie ein
P U Z Z L E
ohne Rand.**

Stimmt nicht so ganz. – Bei einem Gedicht gibt es natürlich immer einen Anfang (steht meist oben) und schlussendlich am Schluss ein Ende (in der Regel ist das unten zu finden).

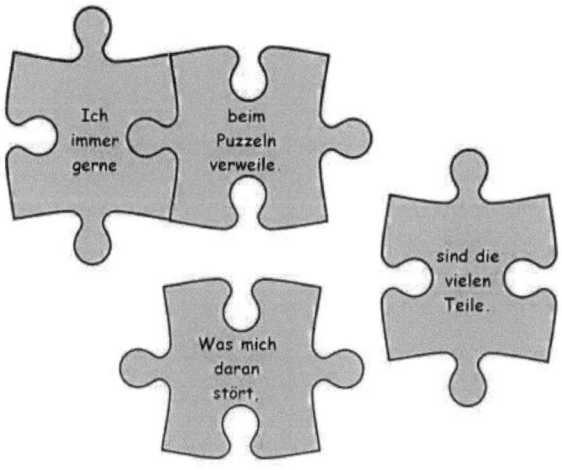

Ein Puzzle ist ein Geduld- oder Legespiel, das aus mindestens zwei Teilen besteht. Einzelne Teile werden zu einem Ganzen zusammengefügt. Heute steht der Begriff im übertragenen Sinne auch für jede Art von Rätsel.

Schulgemeinschaftskunde

Fingerspitzengefühl

Neulich wollte ich mal einer netten Kollegin
nur ein bisschen unter die Arme greifen.
Es war eine verdammt kitzlige Angelegenheit.
Aber die Sache ist wohl* ins Auge gegangen,
* oder übel.

Ich habe die nette Kollegin offensichtlich
genau auf dem falschen Fuß erwischt
und bin ihr dabei auf den Schlips getreten.
Nun fühlt sie* sich wie vor den Kopf gestoßen,
* die Arme.

Und jetzt mache ich mir einen Kopf

über all die netten Kolleginnen und Kollegen,
denen ich schon auf den Schlips getreten bin.
Mancher platzt bei so etwas leicht der Kragen
Dabei war sie* doch nur etwas schief gewickelt,
* die Krawatte.

Ein Wort zum Trost

Für eine erkältete Kollegin

Nicht ganz bei Stimme
ist immer noch besser als
nicht ganz bei Trost.

... und und und und und und ...

Malermeister Malte Mall malte mal für die Grund- und Hauptschule im holsteinischen Ort Malente folgendes Schild:*

GRUND- UND   HAUPTSCHULE

Dr. Theo Retisch, der Schulleiter der Grund- und Hauptschule Malente war mit dem Ergebnis nicht recht zufrieden. Hier ein Auszug aus seinem Reklamationsschreiben an Malermeister Malte Mall:

Sehr geehrter Malermeister Malte Mall,

das Schild ist meiner Meinung nach nicht optimal gemalt. Mit etwas Abstand betrachtet sieht man sofort, dass die Abstände unterschiedlich groß sind zwischen GRUND- und UND und UND und HAUPTSCHULE. Das sollte noch entsprechend korrigiert werden.

Nehmen Sie sich bitte ein Beispiel an dem Beispiel oben. Hier sind die Abstände gleich groß zwischen den Wörtern GRUND- und **und** und **und** und **UND** und **UND** und **und** und **und** und **UND** und **UND** und **und** und **und** und HAUPTSCHULE. **

Mit freundlichen Grüßen

Rektor *Theo Retisch*

* Auch hier sind alle Namen und Handlungen der beteiligten Personen frei erfunden. Ebenso der Inhalt des Reklamationsschreibens. Mal ehrlich, selbst dem besten Malermeister kann mal so ein Malheur passieren.
Kommentar von Meister Malte Mall: "Ja, und ...?"

** Theoretisch lässt sich das Wortspiel unendlich
auf die Spitze treiben mit folgender Anmerkung:

Im letzten Satz des Schreibens sind die Abstände genau gleich großzwischen GRUND- und **und** und **und** und **und** und **und** und **und** und **und** und **und** und **und** und **und** und **und** und **und** und **und** und **und** und **und** und **und** ... und HAUPTSCHULE.

Einfalls-Los

Der Maler klagt,
man hört Gewinsel:
"Ich find ihn nicht,
den Einfallpinsel."

Tadel verdichtet

Der Rektor fragte bloß:
"Wie werd' ich
Tadel los ?"

Umwelt-, Klima- und Datenschutz

UMWELTSCHUTZ

muss groß geschrieben werden,
schließlich haben wir
nur eine einzige Umwelt.
Entsprechendes gilt für den

KLIMASCHUTZ.

Dagegen gibt es D@ten im Überfluss
im Netz und auf der Datenautobahn.
Unmengen davon sind nur Datenmüll
und nicht gerade schützenswert.

D@TENS©HUTZ
ist deshalb überflüssig.

Papierkram

Schreiben war früher Papierkram.
Doch mit dem Computer kann man sich
heute nicht mehr so leicht verzetteln.

Wenn ich meine Texte
am Computer schreibe
muss ich auch kein Blatt mehr
vor den Mund nehmen.

Heftmaterial

Betr.: Bestellung vom 1. April bzgl. Heftklammern

Hochverehrte Kollegin,
nach Durchsicht meiner Unterlagen musste ich zu meinem
Bedauern feststellen, dass irrtümlich falsche Angaben zu der
Größe des von mir verwendeten Heftmaterials gemacht wurden. Ein von mir sofort in die Wege geleitetes Heftprüfungs-
verfahren erbrachte gestern Nacht folgendes Ergebnis zu
Tage: In einer Packung befinden sich genau 1000 Klammern
mit der No. 10 und nicht - wie von mir fälschlicherweise an-
gegeben - 10 Klammern der Größe 1000.
Eine derart überdimensionierte Klammergröße wäre nahezu
untragbar und deshalb übernehme ich mit der mir zur Verfügung stehenden Selbstverständlichkeit für alle Unannehm-
lichkeiten, die eventuell auf Grund meiner Falschaussage
entstanden sein sollten, die volle Heftung.

Es grüßt heftigst
Ihr nicht immer ganz verkehrter Kollege *Dean Avier*

PS: Hier zur Ansicht 100 Klammern der Größe 10

Arbeitsmaterial

Im Unterricht erkläre ich den Drittklässlern, wie ein Lineal sach- und fachgerecht zu benutzen ist und wie damit Linien gezogen werden. Manu löst allerdings seine Zeichenaufgaben vorzugsweise ohne Lineal.

Während der langwierigen Suche in seinen drei Mäppchen und in der Schultasche erzählt er: „Zuhause habe ich ein ganz tolles Lineal, aber das passt nicht in meine Tasche rein, weil es viel zu lang ist. - Einmal habe ich versucht, es da rein zu quetschen, aber dann ging die Klappe nicht mehr zu." Nun zeigt er mir, - ohne Lineal - wie die Klappe zuhause nicht mehr zugegangen ist.

Manu soll mir sein Mitteilungsheft geben. Als ich gerade mit dem Eintrag beginne, fällt ihm ein: „Ach, vielleicht hab ich doch noch eins!" Er kramt wieder in seiner Tasche herum und findet tatsächlich ein etwas längeres Lineal, das allerdings an einem Ende abgebrochen ist. Vermutlich war es einmal das lange Lineal, das nicht in die Tasche gepasst hat. Jetzt passt es genau rein. „Da muss ich mir wohl ein neues besorgen."
„Aber unterstreichen kannst du noch gut damit. Dazu ist es lang genug"

Wenig später hat sich auch der Radiergummi in mehrere Einzelteile zerlegt.
„Kann mir jemand einen anständigen Radierer ausleihen?"

Am nächsten Tag vermisst Manu sein Lineal. Zwei Tage später findet er wieder eins, bohrt damit Löcher in den Radierer, dabei bricht das gute Stück ab. Jetzt hat er zwei kurze Lineale.

Manu sitzt mehrere Minuten vor einem noch völlig unbearbeiteten Arbeitsblatt und starrt regungslos auf seinen Bleistift, den er in der Hand hält.

Ich frage schließlich: „Warum schreibst du nichts?"

Es kommt keine Antwort. Manu verdreht die Augen.

„Nun fang bitte an! Name – Datum - Überschrift!"

Er starrt unbeirrt auf seinen Bleistift und wackelt bedenklich mit dem Kopf:

„Wenn ich gerade nicht aufgepasst hätte, wäre mir fast mein Stift runtergefallen."

Seinen Klebestift zerreibt Manu zwischen den Fingern und formt daraus viele schwarze Kügelchen, die er in seinem Mäppchen für Notfälle zwischenlagert.

Eine dicke Fliege stört Manu bei der Arbeit. Aus einem Stück Karton will er sich jetzt eine Fliegenfalle basteln. Dazu streicht er die Pappe millimeterdick mit Flüssigkleber ein.

„Und wenn du nachher etwas kleben musst, dann hast du wieder keinen Kleber mehr,."

Er lässt sich davon nicht beirren und konstruiert eine zweite Fliegenfalle. Sicher ist sicher! –

Die Kleberflasche ist jetzt leer!

„Kann mir mal jemand kurz seinen Kleber ausleihen?"

Farbenlehre

„Olli, du sollst nicht das ganze Bild mit Filzstiften ausmalen. Du weißt, dass diese Farben giftig sind."

Olli: „Ach, das macht nichts. Das sind ja nicht meine Stifte. Die hab ich von Sven."

Helikopter, Drohnen und Überflieger

Helikopter thronen über ihren Überfliegern

Der Begriff Helikopter-Eltern ist eine populäre Bezeichnung für eine moderne Form der zum Teil zwanghaften oder paranoiden Überbehütung, bei der ständige Überwachung im Vordergrund steht. Wie ein Hubschrauber kreisen die überfürsorglichen Eltern über ihren Kindern, um diese ständig zu beobachten und zu behüten. Helikopter-Eltern entfalten oft eine enorme Aktivität, um dem Heranwachsenden jedes Hindernis aus dem Weg zu räumen, sodass er nicht lernt, Widerstände eigenständig zu überwinden und Probleme selbstständig zu lösen.

**Nach Meinung vieler Helikoptereltern,
den MaDrohnen und PaDrohnen,
handelt es sich bei ihren Zöglingen,
den ZiehDrohnen oder DrohnFolgern,
meist um hochbegabte Überflieger,
die überhebliche Schwierigkeiten haben,
in ihrem schulischen Umfeld zu landen.**

Aber der größte Knaller sind Platz-PaDrohnen.

Ein Vater konnte nicht an einem Elternabend teilnehmen und bat am nächsten Tag telefonisch um genaueste Information: „Können Sie mir alles sagen, was ich noch nicht weiß!"

Elternsprechstunde

Ein ernstgemein(t)er Vorschlag eines Vaters,
um etwas Ruhe in die Klasse zu bringen:
„Man sollte einfach alle Kinder zusammen in einen
Sack stecken und dann mit dem dicken Knüppel
draufschlagen."

Malte muss dringend zuhause anrufen, weil sich
sein Krankheitsbild im Lauf des Unterrichts
erheblich verschlechtert hat:
„Mama, kannst du mal den Papa anrufen
und ihn fragen, ob du mich abholen darfst?"

Eltern, die nicht die von ihnen gewünschte Schulart-
empfehlung für ihren Sohn erhielten, beendeten die
Sprechstunde nach wenigen Minuten mit den Worten:
„Damit ist das Gespräch für uns erledigt."

Wenn das Schule macht

**Eine alleinstehende Mutter
steht allein vor der Schule.
Sie erwartet hier gerade
ihr erstes Kind.
Das zweite ist auch
schon unterwegs.**

Hörverständnistexte

Durch das sogenannte „Hörverstehen" sollen Kinder die Fähigkeit erlangen, Informationen aus gehörten Texten zu entnehmen, Gehörtes in Erinnerung zu behalten, zu bewerten und zu reflektieren. Durch entsprechend ansprechende Texte werden Aufmerksamkeitsspanne und Konzentration geschult.

Ein Besuch beim Ohrenarzt kann ins Auge gehen

„Daniel hat offensichtlich Probleme mit dem Hörverständnis."
Auf meinen Hinweis hin konsultieren seine besorgten Eltern sofort einen Ohrenarzt und berichten wenig später zufrieden:
„Wir waren jetzt mit unserem Daniel beim Arzt.
Er hat gemeint, mit seinen Ohren sei alles in Ordnung."

Hört, hört!

**Beim Ohrenspitzen kann dir
Sehen und Hören vergehen.**

Von Sinnen

**Die Lehrer können den Lärm in der ganzen Schule
hören, wenn die Kinder auf dem Pausenhof toben.**

**Mit zunehmendem Alter können viele Lehrer den
Lärm tobender Kinder in der Schule nicht mehr hören.**

Hausaufgaben

Die frischgebackene Erstklässlerin Hanna freut sich ganz besonders auf ihre heutige Hausaufgabe:
„Ich darf ein Bild malen. - Auf Englisch."

Elena versucht selbstständig Wörter mit der Anlauttabelle zu schreiben. Ihr erstes Wort ist REALSChLE.
„Na toll, dann schaffst du bestimmt später auch einmal das Gymnasium."
Das lässt sie sich nicht zweimal sagen und schreibt sofort GiNASiUM. *

Erweiterung des Zahlenraums bis 1000 in Klasse 3
Als Hausaufgabe sollten die Schüler zählen bis 1000 – und dabei herausfinden, wie viele Minuten sie dafür brauchen.
Am nächsten Tag erzählt Lisa: „Meine Mutter hat gsagt:
Des isch a blöde Hausaufgabe, die brauchsch nicht machen! - Aber ich hab sie dann allein auf unserem Klo gemacht!"

**Richtige Klugscheißer nehmen heutzutage
kein Blatt vor den Mund
und kein Papier mehr in die Hand.**

„Tommy, warum hast du keine Hausaufgaben gemacht?"
„Ja, erstens sind mir gestern keine Sätze eingefallen.
Und zweitens habe ich die Hausaufgabe vergessen."

....

* Die Methode „Schreiben nach Gehör" ist seit 2018 in Baden-Württemberg verboten. Elena hat ihr Abitur trotzdem geschafft.

Das dritte Halbjahreszeugnis

Deutsche Schule Porcelano

Grundschule - Klasse: 2   Schuljahr: 1999 / 2001
Name: **SCHLENDRIAN**   Vorname: **XAVER**
geboren am: 1. April 1991

Allgemeine Beurteilung

Verhalten

Xaver legte stets ein Verhalten an den Tag, in der Regel gegenüber Lehrern. Der störungsfreie Kontakt zu den Mitschülern blieb ohne tiefgreifende Beanstandungen. Zuweilen hatte er gelegentlich des Öfteren Mühe, im pfleglichen Umgang mit den Arbeitsmitteln seiner Klassenkameraden etwas mehr Sorgfalt walten zu lassen.

Arbeiten

Xaver folgte dem Unterricht mit gleichmäßig wechselnder Aufmerksamkeit und zeigte auch über einen längeren Zeitraum kaum ein Nachlassen meiner leichten Ermüdbarkeit. Am mündlichen Unterrichtsgeschehen bemühte sich Xaver mit Erfolg, still, aber nicht immer mit der notwendigen Ausdauer teilzunehmen. Oft brachte er recht selten nur wenige eigene Beiträge, die aber meist ordentlich an der Sache vorbeigingen.
Xaver verstand es nicht immer, d.h. er bemühte sich zwar, war aber nicht fähig, sich klar und verständlich, also auch einfachste Sachverhalte zusammenhängend auszudrücken bzw. darzustellen. Mit anderen Worten, es fiel ihm zuweilen, seine Gedanken kurz und klar zu fassen, schwer. Schriftliche Arbeiten bereiteten ihm keinerlei Schwierigkeiten, wenn er sie erledigte.

144

Das Rechnen fiel Xaver leicht, besonders Zahlen im Gedächtnis zu behalten. Es machte ihm aber ersichtlich Mühe, diese wiederzugeben. Beim Schreiben von Diktaten zeigte er Phantasie, Einfallsreichtum und außerordentliche Erfindungsgabe.

Lernen

Xaver kann einfache geübte Buchstaben in Druck- und Schreibschrift zum Teil flüssig lesen, inhaltlich erfassen und Aussagen über das Gelesene machen. Seine Lese-Fertigkeit sollte er aber noch etwas vervollkommnen können. Beim darstellenden Spiel hat sich Xaver meist damit begnügt, aus der Rolle zu fallen.

Seine Schrift ist klar und deutlich unleserlich. Xaver ist mit den Grundregeln der Rechtschreibung nicht vertraut und wendet sie auch entsprechend an. Beim Schreiben nach Vorlage unterlaufen ihm nur noch selten wenige Fehler. Es bereitet ihm kaum Mühe, Fehler im vorgeschriebenen Zahlenraum bis 100 bei geübten Diktaten zu schreiben.

Xaver rechnet schon sehr sicher im Zahlenraum bis 7 und geht demzufolge allen Schwierigkeiten bei der Zehnerüberschreitung erfolgreich aus dem Weg. Er ist ohne weiteres dazu fähig, einzelne Zahlen aus dem Zusammenhang herauszulösen und sie in mehrere Rechenschritte zu gliedern. Ansonsten bewegt er sich noch etwas unsicher.

Die Ziele des Lehrplans entsprechen allen Anforderungen in besonderem Maße, wurden aber von Xaver im Allgemeinen und Wesentlichen in vollem Umfang eindeutig verfehlt.
Durch einstimmigen Beschluss der Klassenkonferenz
wird XAVER SCHLENDRIAN **nicht versetzt.**

Porcelano, den 31. Januar 2002

Leiter der Grundschule: Klassenleitung:

Dr. Über   &   *Dr. Unter*

Augen auf bei der Berufswahl

Wer einen großen **Fragenkomplex** hat, der sollte besser nicht Lehrer werden.

Nun soll es aber auch den einen oder anderen Mediziner geben, der nach seinem Studium ein rechtschaffener Hausarzt wurde, obwohl er einen großen **Gebäudekomplex** hat.

Den hat er sich allerdings redlich in seiner Praxis verdient.

Wenn ich einmal groß bin

„Wenn ich einmal groß bin will ich eine Nachtschwester werden. Dann kann ich den ganzen Tag schlafen," sagt Kristina.

Etwas später: „Oder, ich werd' doch nicht so eine Nachtschwester, ich will lieber eine Lehrerin werden."

Sie überlegt kurz: „Ach, nein, ich meld' mich nirgends an."

Elena beobachtet den Hausmeister, der auf dem Schulhof seinen täglichen Kontrollgang macht.

"Ich möchte mal so eine Hausmeistersfrau werden, weil die kann dann, wenn wir Unterricht haben, einfach immer auf dem Hof draußen rumspazieren."

Vom Tien-ätscher zum Männ-ätscher

Ein Schüler wurde in einem Interview gefragt, was er nach der Schule beruflich machen wolle.

Seine klare Antwort: Karijähre.

(Er hatte offensichtlich keine Ahnung, wie man das schreibt.)

Abschiedsrede des Männerbeauftragten

In einem überwiegend von Frauen besetzten Grundschul-Lehrer/-innen-Kollegium hat man als Mann in der Regel nicht viel zu sagen. Eine eigene Meinung ist in diesen Kreisen meist nicht der Rede wert. Die Ausnahme bildet natürlich die Schulleitung, sofern diese Stelle noch männlich besetzt sein sollte.

Mit einem recht bescheidenen Anteil von bundesweit gerade mal 12% sind Männer als Lehrkräfte im Primarbereich eindeutig Mangelware und sie sollten deshalb als Minderheit dringend unter "Artenschutz" gestellt werden.

Es liegt nun nahe, dass eine männliche Lehrkraft als sogenannter "Männerbeauftragter" zum Ansprechpartner für Chancengleichheit gewählt wird, um an der Schule für die Rechte der wenigen männlichen Beschäftigten einzutreten.

Leider hatte sich das Kollegium mit ihrer Wahl verrechnet: Denn laut Gesetz dürfen nur Frauen als "Beauftragte für Chancengleichheit" gewählt werden. Männer sind bei dieser Wahl nicht zugelassen.

Wahlberechtigt sind ebenfalls nur die weiblichen Beschäftigten einer Dienststelle. (Männer haben bei der Chancengleichheit also keine Wahl!)

So steht es tatsächlich geschrieben in § 16 im Chancengleichheitsgesetz von Baden-Württemberg.

Dabei sollen die Beauftragte und ihre Stellvertreterin nach den Grundsätzen der Mehrheitswahl gewählt werden (d.h. u.a. frei, gleich und geheim.)

Auf Grund meiner "Männlichkeit" wurde ich deshalb von allen von höherer Stelle angeordneten Dienstbesprechungen für Gleichstellungsbeauftragte ausgeschlossen und von der Frau Vorsitzenden wurde mir sogar der Zutritt zum Tagungsraum untersagt. Als Grundschulmann hat man also schulpolitisch ausgesprochen wenig Einfluss.

Ist solch ein ChancenGLEICHHEITsgesetz gerecht? Und welches Gesetz gilt dann für das dritte Geschlecht? Was gilt für die diversen Personen einer Dienststelle, die sich nicht als Mann oder Frau einordnen lassen (wollen)?

Kleine "E-Piss-Ode"

aus meiner Laufbahn als Männerbeauftragter

Eines Tages musste ich mal …, und zwar dorthin, wo jede geschulte Lehrkraft – auch die weibliche - hin und wieder mal hin muss, - wenn sie mal muss.

Leider war der entsprechende Leerraum für das Leerpersonal gerade besetzt. In allergrößter Not begab ich mich also nach nebenan zur Leeranstalt „für kleine Jungs". Wie ich nun so an diesem stillen Örtchen stehe, fällt es mir plötzlich wie Schuppen von den Haaren: „Das Becken hängt hier viel zu hoch!"

Also, für mich und einen durchschnittlich gewachsenen Erwachsenen hing es gerade richtig, aber eben nicht für kleine Jungs.

Das ist echt die Höhe! Wie schnell kann da mal was in die Hose gehen! Nun war ich doch sehr erleichtert, dass ich dieses Problem endlich erkannt hatte.

Als einstimmig von mir gewählter Männerbeauftragter musste ich diesen Piss-Stand natürlich öffentlich anprangern.

Ich habe unverzüglich Stellung bezogen und ein Protest-schreiben an die Schulleitung aufgesetzt.

Aus für jeder-Mann völlig einsichtigem Grund (Frauen benut-zen nur selten solch ein Pissoir) war es dem weiblichen Leer-körper niemals zuvor aufgefallen, dass auf der Jungentoilette selbst der kleinste Mann, wenn er mal müssen musste, auch im Stehen hätte müssen können dürfen.

**Ich musste
ganz dringend mal
ein wichtiges Fax
versenden.**

**Aber das ist mir total
in die Hose gegangen.**

**Es war ein
PIPI – FAX.**

Weil ich in dieser Angelegenheit nicht den vorgeschriebenen Dienstweg eingehalten hatte, fühlte sich die Schulleitung durch mein forsches Vorgehen leicht angepisst, aber schon wenige Tage später war das Becken bei den Jungs 20 cm tiefer gelegt.

Immerhin! Jetzt kommt dort auch der „kleine Mann" beim Stehpinkeln immer hin.

Lernen und Lehren in Stationen

Von dem kleinen ABC - SCHÜTZEN, der einst auszog, das ABC SCHÄTZEN und das ABC SCHÜTZEN zu lernen

Als kleiner Fischer erblickte der Autor 1952 in einem kleinen Dorf in Baden Württemberg das Licht der Welt. Nach dem Besuch des Kindergartens erlernte er in vier Jahren die Grundlagen des Lesens und Schreibens sowie alle vier Grundrechenarten und das kleine Einmaleins.

Dass der kleine Siegfried tatsächlich später einmal Mathematik für Lehramt - und noch dazu Recht und schlecht - studiert, damit konnte damals keiner ernsthaft rechnen.

4 Jahre Volksschule in Eberstadt
6 Jahre Realschule in Heilbronn (inkl. 2 Kurzschuljahre)
3 Jahre Berufsschule und Lehre in Heilbronn
3 Jahre Tanzschule und 6 Monate Fahrschule in Heilbronn
3 Jahre Technisches Gymnasium in Heilbronn
4 Jahre Pädagogische Hochschule in Ludwigsburg
2 Jahre Grund- und Hauptschule in Gemmingen
1 Jahr Grund- und Hauptschule in Crailsheim
7 Jahre Grundschule in Löwenstein
1 Jahr Schischullehrerausbildung
6 Jahre Deutsche Schule Barcelona
8 Jahre Grundschule in Neuhütten
9 Jahre Deutsche Schule Valencia
1 Jahr Grundschule in Unterheinriet
3 Jahre Grundschule in Löwenstein
+ Pädagogischer Berater an der Experimenta in Heilbronn

Für meine Poesiealbumfreunde

Damit ihr sich jeder ein besseres Bild von mir machen kann:
Der Autor Klein-Siegfried als Dreikäsehoch beim Dreiradeln.

Meine Lieblingssportarten:
- Dreikampf mit
- Sprung vom Dreimeterbrett,
- Dreirad fahren und
- im Dreieck springen

Meine Lieblingssongs:
- Drei Chinesen
  mit dem Kontrabass
- Wir sind mit 'm Dreiradl da

Meine drei Lieblingsfilme:
- Die drei von der Tankstelle
- Die drei Muskeltiere
- Drei Engel für Charly

Was ich nicht mag:
Verkehrsstau auf
dem Dreiradweg

Trinken + Essen:
- Drei Radler und
  Radieschensalat

Was ich nicht sein will:
Das vierte Rad
an einem Dreirad

Besondere Merkmale:
- Dreitagebart

Mein Alptraum:
Ein Plattfuß
im Reservedreirad

Was ich mal werden will:
- Dreimal darfst du radeln:
  Berühmter Dreirad-Rennfahrer

Mein Wunschtraum:
Ein E-Dreirad
mit Dreiradantrieb

Letzte drei Worte:
Worte sind Gedankengänge - Wörter nur Buchstabenketten.

Nachwort: Ohne Worte

Welch wertvolle und aufopferungsreiche Arbeit ein einfacher Lehrkörper mit Besoldungsgruppe A12 an der Grundschule in seinem nahezu vierzig Jahre währenden Berufsleben geleistet hat, war bei seiner Verabschiedung in den wohlverdienten Ruhestand zu erfahren.

Da gleichzeitig auch der Leiter der kleinen Schule seinen Abschied angekündigt hatte, waren zu der Feier am Ende des Schuljahres unter anderen Pfarrer, Schuldekan, Bürgermeister sowie ein Vertreter des Schulamts als Festredner eingeladen.

Ausführlich wurde nun in jedem Redebeitrag in recht humorvoller Art die in den vergangenen Jahren erbrachte hervorragende Arbeit der Schulleitung A13 gewürdigt.

Nachdem der Schulamtsleiter mit einem selbstgereimten Gedicht den Dank und die Anerkennung für die dem Land Baden-Württemberg geleisteten treuen Dienste in Form einer Urkunde überreicht hatte, schloss er die etwa einstündige Verabschiedungszeremonie sinngemäß mit folgenden Worten: Jetzt haben wir so viele Lobeshymnen über den Schulleiter gehört, da bleibt leider keine Zeit mehr für Lehrer A12. Diesem gab er nun den Rat, er könne sich einfach die für ihn zutreffenden Worte aus den einzelnen Redebeiträgen aussuchen - und sich selbst einen Reim darauf machen.

Ein Großteil der anwesenden Festgäste war sprachlos.

Rente gut – alles gut!

**Für einen Lehrer ist es nicht von der Hand zu weisen:
Ist man erst mal sechzig, gehört man zum alten Eisen
oder aber zu den gut unterrichtenden Greisen.**

Anhang

Total verbucht

Entschuldige vielmals, dass ich hier so ungefragt mitten in dieses schöne neue Buch reinplatze. Aber ich muss unbedingt noch was loswerden: Und zwar ein Buch! - MEIN ERSTES!

Gleich nach seiner Freigabe war es ganz schön in Druck.
Billig ist das Buch nicht – aber es ist auch nicht alltäglich!
16,90 Euro - ein stolzer Preis! - Und ich bin es auch!
Vor allem ist das Buch sehr vielseitig – Ganze 240 Seiten –
echt stark! Und jede Seite ist beidseitig bedruckt.
Total beeindruckend.

Aus dem Inhalt

Humorvolle Geschichten und Scherzartikel aus dem Leben eines Hausmanns in Spanien mit witzigen Gedichten, einfallsreichen Küchenzeilen und ausgefallenen Wortspülen, hintersinnigen Rätselseiten und vielen Fotos.

Wer Interesse an diesem Werk hat, kann es gerne bei mir bestellen oder direkt beim Verlag tredition unter diesem Link:

**http://www.tredition.de/?books/ID8207/
Nicht-alltaegliche-Hausmannspost**

Dort findet man auch eine Leseprobe: 20 Seiten - in Farbe!

Im Notfall bekommt man das Buch selbstverständlich auch in jeder gutsortierten Buchhandlung oder im Online-Handel. (Aber wer will schon ein Buch in einem Notfall!)

**Bei meinem BESTSELLER
fehlt "S" oft
nur an einem BESTELLER.**

Aus dem Buch „Nicht alltägliche Hausmannspost"
gibt es hier zwei Leseproben zum Thema „Schule":

S. 158 - Schulweg-Trag-Ödie
S. 161 - Der Drückeberger in der Hundeschule

Aus heiterem Himmel

Etwas unvermittelt erhielt ich im Jahr 2002 das verlockende Angebot, für mehrere Jahre als Hausmann in Spanien tätig zu werden. In dieser neuen, für mich ungewohnten Funktion hatte ich zuerst einmal mit Küche, Haus, Garten, Pool und der spanischen Sprache zu kämpfen.

Eines schönen Vormittags begann ich meinen ersten Haushaltsbericht zu verfassen und als Mail an Kind und Kegel, Freund und Feind, an Verwandte und Unverwandte zu versenden.

„Eine Mail ist keine Mail", dachte ich mir – und von da an ging es Schlag auf Schlag. Die Leser und Leserinnen waren regelmäßig total geplättet, wenn sie erfuhren, wie leicht und locker mir die Arbeit aus den Händen glitt.

War ich beim Wortspülen mit meinem Küchenlatein am Ende, begab ich mich nahtlos in meine Dichtungs-Werkstatt und sägte mit der Stichsäge ein paar neue Stichwörter aus oder feilte ein bisschen an alten Formulierungen herum. So entstand manch ansprechende Küchenzeile, wie zum Wort- bzw. Beispiel:

Was könnte ich denn heute wieder
Komisches kochen, Spaßiges spülen,
Witziges waschen oder Putziges putzen?

In diversen Antwortschreiben von Fachfrauen bzw. Hausmannkollegen erhielt ich hin und wieder mehr oder weniger sinnvolle praktische Tipps, wie meine Haushaltsrolle besser in den Griff zu bekommen sei.

Schon nach wenigen Mails kamen erste Bedenken auf, es könnte bald nichts besonders Interessantes oder Lustiges aus dem Leben eines Hausmanns mehr zu berichten geben. Aber diese Sorgen erwiesen sich als haushaltlos.

Im Laufe der Jahre entstanden weit über hundert humorvolle Kurzgeschichten aus dem Leben eines Hausmanns. Ein großer Teil davon konnte 2012 beim Verlag tredition verbucht werden als „**Nicht alltägliche Hausmannspost** – Scherzartikel und Küchenzeilen mit Wortspülen …"

Irgendwann im Laufe meiner Schreibtischtäterschaft erkannte ich, dass Wortspielereien in Gedichtform deutlich schneller und effektiver zum Punkt kommen. Aus dieser Erkenntnis entstand schließlich "**POESIE mit POWER und POINTEN**", wie sie im Buche steht und wie sie von Zeit zu Zeit bei Lesungen zum (Vor-)Tragen kommt, wenn ich **Zum Lachen in den Keller** gehe.

....

Sehr gerne könnt ihr mich auch alle mal …

… besuchen auf meiner Webseite oder Humorpage:

„SCHERZ by SEITE" - **www.sigis-hausmannspost.de**

Schulweg-Trag-Ödie (Leseprobe)

Bei den Vertragsverhand-
lungen im Frühjahr 2002
war eine der Bedingungen
für die Übersiedelung un-
serer jüngsten Tochter
Mireya nach Valencia die
Anschaffung einer der in
der Deutschen Schule übli-
chen fahrbaren Schulta-
schen, in Insiderkreisen
auch kurz „Räderranzen"
oder „Schülerporsche"
genannt. Im Prinzip ist das
ein Einkaufswagen, wie ihn
auch die eine Hausfrau
oder der andere Hausmann
zum Einkaufen auf dem
Markt benutzen. Ein Ein-

kaufswagen für kleine Leute also, aber echt voll cool! Durch
diese Anschaffung hat sich Mireyas Einstellung zur Schule
und ihre Haltung gegenüber der Schule vor allem auf dem
Schulweg deutlich sichtbar verändert.

Das in Schülerkreisen sonst übliche Tragen der schweren
Schultasche in der Hand ist ja gerade aus medizinischer Sicht
kaum tragbar, da die Tasche auf Grund ihres Gewichts bei
entsprechend langer Tragzeit oft unerträglich schwer wird
und das Tragen deshalb immer nur sehr schleppend vor sich
geht. Die jungen Schultaschenträger sind sich der besonderen
Tragweite ihres Handelns meist gar nicht richtig bewusst.
Wirklich tragisch!

Wird ein gewöhnlicher Schulranzen von einem tragfähigen Schüler vorschriftsmäßig auf seinem Rücken getragen, so zieht das enorme Gewicht den Oberkörper des Trägers meist so weit nach hinten, dass dieser den Verkehr auf der Straße kaum noch wahrnehmen kann und dadurch in Gefahr gerät in Gefahr zu geraten. Will der Schüler dem vorbeugen und beugt sich entsprechend vor, so gerät der Verkehr auf der Straße ebenfalls aus dem Blickwinkel des Schülers und derselbe gerät wiederum in die bereits oben erwähnte große Gefahr. Nicht wenige finden so auf dem Schulweg ein tragisches Ende.

Bei denjenigen Schülern, die eine dieser fahrbaren Schultaschen benutzen, lassen sich nun folgende erstaunliche Beobachtungen machen:

1. Der übliche Schülerlärm nach Unterrichtsschluss wird überlagert von dem gleichmäßigen, monotonen Rattern der rollenden Ranzenräder. So wird eine Unterhaltung nahezu unmöglich gemacht. Die Kommunikation auf dem Schulweg bleibt quasi auf der Strecke, was bei vielen Ziehkindern im Extremfall sogar zu Entzugserscheinungen führen kann.

2. Auf der anderen Seite gibt der Schüler mit seiner rollenden Trage seine tragende Rolle auf. Damit ist es für ihn ein Leichtes, den schweren Schulalltag auf die leichte Schulter zu nehmen.

3. Der Schulweg kann deutlich zügiger zurückgelegt werden, da er sich nicht mehr so sehr in die Länge zieht. Der Schüler schon eher! Das sieht dann - bei einem rechtsseitigen Zieher - etwa folgendermaßen aus: Zuerst kommt die linke Hand, die sogenannte Zeigehand - die, weit nach vorn gestreckt, die von dem Schüler beabsichtigte Laufrichtung angibt, danach folgt die rechte Schulter und knapp eineinhalb Armlängen dahinter taucht schließlich im Gegenzug die mit der Zeit leicht verlän

gerte rechte Zughand auf. Dazwischen tritt nur noch der stark verdrehte Kopf auf dem Trägermaterial in Erscheinung.

Mit dieser Vorgehensweise eignet sich der Schüler eine zielstrebige Haltung an. Im Zuge der Gleichbehandlung von Links und Rechts sollte jedoch die Aufgabenstellung der Arme von Zeit zu Zeit verändert werden, um so einer einseitigen Zurückhaltung, um nicht zu sagen einer Verarmung des armen Zöglings vorzubeugen.

Ich vernehme soeben Geräusche, - Clack- clack! - die darauf schließen lassen, dass sich auch meine Aufgabenstellung in nächster Zeit ändern wird. Clack-clack! Clack-clack! Es ist nicht das vertraute fröhliche Kindergeplapper nach Schulschluss, das ich von Deutschland her kenne, sondern dieses etwas ungewohnte Rattern der kleinen Räder: Clack-clack! Während ich mich gerade diesem Gedanken hingebe, - Clack-clack! - biegt auch schon eine linke Hand in unsere Hofeinfahrt ein. Clack-clack! Ist das nicht ...? Clack-clack! Ja, das könnte doch ... - Clack-clack! - ... unsere kleine Tochter sein. Clack-clack! Sekunden später erhalte ich die Gewissheit, - Clack-clack! - Zug um Zug erscheint Mireya selbst. Clack-clack! Sozusagen auf dem Fuße folgt ihr ihr kleiner Zugwagen - Clack-clack - und den Abschluss bildet als Zugabe der Rest der Familie. Clack-clack-clack!

Jetzt wird's wieder ernst. Das Essen steht auf dem Tisch.

Beim Essen erzählt Gianna, dass, sie von ihrem Spanischlehrer ermahnt wurde. Vermutlich hat sie etwas ausgefressen.
„Was hat er denn zu dir gesagt? Hat er mit dir geschimpft?"
Gianna ganz cool:
„Ist mir egal, was der sagt. Ich versteh' ihn sowieso nicht."

In der Hundeschule (Leseprobe)

Luna zeigte schon in jungen Jahren reges Interesse an jeder Art von Lektüre. Als sie unser Spanisch-Wörterbuch entdeckte, war dies ein gefundenes Fressen für sie und sie hat es geradezu verschlungen. Die Kommunikation mit den einheimischen Nachbarhunden war danach ungewöhnlich intensiv. Ihr literarisches Interesse machte allerdings eine völlige Neubearbeitung des Wörterbuchs erforderlich.

Drückeberger

Ja, das Schreiben und das Lesen
liegt nicht jedem Lebewesen,

doch hiermit tu ich allen kund,
dass Luna, unser kluger Hund,
hin und wieder, dann und wann
Wörter und Texte lesen kann.

Nach einer langen Autoreise
freut sich jeder auf 'ne Speise,
ob Kinder, Mama, Papa und
ganz selbstverständlich unser Hund.

Ich nehm' die Leine in die Hand,
geh' schon mal los zum Restaurant.
Und Luna zieht erst recht wie wild,
als sie entdeckt das ZIEHEN-Schild.

Ist es Zufall nur gewesen?
Oder kann sie wirklich lesen?
Die Wahrheit kommt ans Licht beim Geh'n,
das wird ein jeder gleich versteh'n.

Hinterm Haus, welch großes Glück,
entdeckt der Hund ein Rasenstück,
zerrt und zieht wieder wie verrückt,
setzt sich dann hin - und presst und drückt.

Und damit wurde mir schnell klar,
dass alles doch kein Zufall war.
An der Türe - mit Verzücken -
sah ich deutlich – da stand DRÜCKEN!

Auch heute noch wird Luna schwach, wenn sie ein gutes Buch findet. Man kann behaupten, dass sich bei ihr im Laufe der Zeit eine ausgewachsene Leseschwäche ent-wickelt hat. Nur bei der Grammatik schwimmen ihr fast immer alle Felle davon! Deshalb hatten wir sie in der Hunde-schule mal zu einem Schnupperkurs angemeldet, aber nach dem ersten Besuch hatte sie sehr schnell die Schnauze voll. Der Stoff war wohl knochentrocken.

Lösungen zu den Rätseln

S. 39 und 40 - Teekesselwörter

MUTTER – LÄUFER – SCHÜSSEL – SCHLOSS

FLIEGE – LERCHE (Vogel)/LÄRCHE (Baum)
KATER – BOXER – LAMPE (Hase/Licht)

S. 42 - Eine seltsame Tiergeschichte

DIE KOMMISSARE **WOLF**GANG **WANZE**LMANN UND K**LAUS**-DIETER **HUHN**OLD STANDEN BEI DER PAR**K-UH**R AM SCH**LUCHS**EE UND **BEO**BACHTETEN DURCH IHRE **STAR**KEN FERNGLÄSER, WIE EIN **BÄR-TIGER** GE**SEL**LE, DE**R IN D**ER HAND EINE K**EULE** HIELT, IM FESTS**AAL** VON BURG **LÖWE**NSTEIN EIN**EN TEPPICH UND** EINEN WERTVOLLEN RIN**G AN S**ICH **R**AFFEN WOLLTE.

BEVOR DER DIEB AUF DAS **ZIEGE**L**DACH S**TEIGEN KONNTE, STELLTE SICH DER **WIESEL**FLINKE EM**IL** TIS**CH**BEIN A**M AUS**GANG DER BURG TA**PFER D**EM RÄUBER ENTGEGEN. DE**R ABE**R D**REH**TE SICH UM UND ENT**FLOH**.

EINE VON IHM **AM EISE**RNEN HOFTOR ZURÜCKGELAS-SENE **PUDEL**MÜT**ZE BRA**CHTE DIE KOMMISSARE AUF DIE SPUR DES GANOVEN **WALDE**MAR**, DER** NOCH **AM SEL**BEN TAG FESTGENOMMEN WERDEN KONNTE IM HAUSE DER **TAUBE**N GRÄ**FIN K**LARA **FISCH**BEIN, W**EL-CH**E GER**ADE BAR**FUSS IN IHRER DU**SCHWAN**NE STAND.

S. 98 – Zahlwort-Rätselraten
Wie heißt das Rätsel? **PI RATEN**

S. 104 – Experiment in kleinen Dosen
Beide Dosen zusammen sind **SCHWER**,
doch die oben wiegt allein etwas **MEHR**.
Kaum zu glauben, aber wahr! Einfach mal ausprobieren.
Es funktioniert auch mir Coladosen oder Bierkästen.

S. 107 – Rätselhaft: Ich steh' im Walde
ST = Äste und 2G = Zweige ➜ **BAUM** oder **BUCHE/BIRKE**

S. 121 – Ein verrücktes Kunststück ➜ 17 Maler
August Macke - Paul Klee - Pablo Picasso - Franz Marc
Claude Monet - P. Bruegel der Ältere - Johan Tischbein
Henri de Toulouse-Lautrec - Peter Paul Rubens - Rembrandt
Max Liebermann - Franz Hals - Hundertwasser - Jan Vermeer
Albrecht Dürer - Hans Holbein - Moritz von Schwind

S. 127 – Sport-Denksport
Die fünf Farben der olympischen Ringe von links nach rechts:
⇨ **BLAU - GELB - SCHWARZ - GRÜN - ROT**
Die sechste Farbe: Der Hintergrund der Flagge ist **WEIß**.

Literaturangaben:

S. 41 – Wörter verstecken
Zeitschriftenaufsatz in GRUNDSCHULE Oktober 1994 –
Heft 10, S. 72-60 ISSN 0533-3431   Verfasser: Fischer, Siegfried

S. 89 – Das Einmaleinsbrett
Zeitschriftenaufsatz in PRAXIS GRUNDSCHULE März 1995
Heft 2, S. 57-60 ISSN 0170-3722   Verfasser: Fischer, Siegfried

Regieanweisungen zum Theater

S. 68 - Ausgerechnet Mathematik

Der Text wurde zum größten Teil aus „Taten" und Zitaten von Grundschülern zusammengestellt.

Bei den Aufführungen wurden alle Schülerrollen von Lehrern und Lehrerinnen übernommen.
Der Lehrer wurde meist von einem älteren Schüler gespielt.
Die Spieldauer beträgt etwa 15 Minuten.

Requisiten: Lehrertisch und Schülertische mit Stühlen
Lehrertasche, Schultaschen, Sportbeutel, Wasserflasche,
Bücher, Mäppchen, Stifte, Lineal, Tafel, Lernplakate, Poster, …
Falls möglich eine Tür, die sich öffnen und zuschlagen lässt.

S. 86 - Wem die Stunde schlägt

Ein ganz wilder Western - Textbearbeitung nach einem „überlieferten" alten Sketschtext – Verfasser unbekannt.

Das Stück wurde von Vätern der vierten Klassen bei Abschlussfeiern - z.B. zum Thema „Fernsehen" - vorgespielt.
Für die Kinder war es als Überraschung gedacht – und zum Teil auch für die Mitspieler selbst, da nur die Hauptrolle den kompletten Überblick hatte und in die Schluss-Pointe eingeweiht war.

Requisiten: Tisch und Stuhl
Spielzeugrevolver, Cowboyhüte, karierte Hemden …

Inhalt

3. Alle Jahre wieder

4. Der große Pausenfüller

5. Mathe ist ein fieses Fach

6. Sachen gibt's im Sachunterricht

7. Hier spielt die Musik

8. Kunstbetrachtungen

9. Sport und Spiel

10. Schulgemeinschaftskunde

11. Ausklang

12. Anhang

wenn ein dichter dichten tut

weil jeder unsinn hier auf erden
muss irgendwann verdichtet werden
tu ichs bevors ein andrer tut
denn freiheit ist ein selten gut

ich bin ein dichter vor dem herrn
verdichte viel verdichte gern
wenn einer hat problem mit reime
da steh ich drüber ich hab keine

ich dichte manchen tag noch dichter
doch besser wird es dadurch nichter
ich dichte gern verdichte viel
denn dichten ist ein kinderspiel

vor allem ist es nicht die welt
so man sich nicht an regeln hält
grammatik ist mir einerlei
mit ohne ist ein dichter frei

mir sagt das nichts - ortogravieh
das ist bestimmt genau wie die
grammatik ein gar seltsam tier
viel leichter hat man ohne ihr

zuweilen schreibe ich gern mist
weil das so meine satz art ist
und manchmal schreib ich großen mist
weil mir der satzbau schnuppe ist

in der punktion sag ich mir immer
hab ich auch keinen blassen schimmer
beim komma geh ich über leichen
ich setz durch meine zeilen zeichen

doch irgendwann - wenns mir dann stunkt
dann mach ich einfach einen punkt